AJUDANDO UNS AOS OUTROS PELO
ACONSELHAMENTO

Dados Internacionais de Catalogação na Publicação (CIP)
(Câmara Brasileira do Livro, SP, Brasil)

Collins, Gary R.
  Ajudando uns aos outros pelo aconselhamento /
Gary R. Collins ; tradução Neyd Siqueira. --
São Paulo : Vida Nova, 2005.

  Título original : How to be a people helper.
  Bibliografia.
  ISBN 978-85-275-0330-3

  1. Aconselhamento - Ensino bíblico
  2. Comportamento de ajuda 3. Vida cristã I. Título

05-1653   CDD-158

  Índices para catálogo sistemático:
    1. Aconselhamento cristão : Comportamento de
       ajuda : Psicologia aplicada 158

AJUDANDO UNS AOS OUTROS PELO
ACONSELHAMENTO

GARY R. COLLINS

Tradução
NEYD SIQUEIRA

Copyright © 1995 Gary Collins
Originalmente publicado em inglês pela Tyndale
House Publishers, sob o título *How to be a people helper*

1.ª edição: 1982
Reimpressões: 1990, 1993, 1996, 1999, 2000, 2001, 2002
2.ª edição (ampliada): 2005
Reimpressões: 2007, 2009, 2012, 2015

Publicado no Brasil com a devida autorização
e com todos os direitos reservados por
SOCIEDADE RELIGIOSA EDIÇÕES VIDA NOVA,
Caixa Postal 21266, São Paulo, SP
04602-970
vidanova.com.br | vidanova@vidanova.com.br

Proibida a reprodução por quaisquer
meios (mecânicos, eletrônicos, xerográficos,
fotográficos, gravação, estocagem em banco de
dados, etc.), a não ser em citações breves
com indicação de fonte.

ISBN 978-85-275-0330-3

Impresso no Brasil / *Printed in Brazil*

COORDENAÇÃO EDITORIAL
Robinson Malkomes

REVISÃO
Aldo Menezes
Maria Isabel Corcete

COORDENAÇÃO DE PRODUÇÃO
Roger Luiz Malkomes

ASSISTENTE DE PRODUÇÃO
Sérgio Siqueira Moura

CAPA
Julio Carvalho

IMPRESSÃO E ACABAMENTO
Imprensa da Fé

Conteúdo

Prefácio 7
Apresentação 9
Introdução 11
1. Coração ajudador 17
2. Os fundamentos da arte de ajudar 33
3. As técnicas de ajuda 49
4. Os procedimentos de um ajudador 67
5. Ajudador: um paraprofissional 81
6. O estresse 97
7. Ajuda em uma crise 113
8. Ajuda em momentos de desespero 125
9. Ajuda por telefone 143
10. Ajuda na igreja 159
11. Ajuda preventiva 171
12. Ajuda a si mesmo 187

Exercícios de aperfeiçoamento, reflexão e dinâmica de grupo 203

Prefácio

Foi com grande satisfação que tomei conhecimento da publicação deste excelente livro para o nosso idioma, e foi ainda maior minha satisfação quando fui convidado a escrever um prefácio para o mesmo.

A questão da ajuda às pessoas e do aconselhamento bíblico tem-se tornado cada dia mais relevante. A cada momento somos procurados por mais e mais pessoas aflitas e desesperadas, buscando alguém que possa dar-lhes esperança e ajuda. É fato que muitos cristãos sentem-se chamados para prestar ajuda, e auxiliar a carregar o fardo dessas pessoas; porém, um número provavelmente igual de cristãos reluta fortemente em arregaçar as mangas e lançar-se a esta tarefa. Alguns talvez sintam medo por terem tido experiências negativas, quando tentaram ajudar alguém, e sentiram-se incapazes para tal. Outros desejam ajudar, porém não sabem como fazê-lo, e acabam desistindo da tarefa, deixando-a exclusivamente nas mãos de profissionais treinados. Independentemente da razão pela qual as pessoas deixam de prestar ajuda, a triste realidade é que há pouca gente disponível para auxiliar um número tão grande de pessoas que necessitam de alguém que esteja disposto a ajudá-las a carregar seu fardo.

Em minha experiência pessoal procurando ajudar homens e mulheres que desejam deixar a homossexualidade, ou com familiares de pessoas envolvidas na homossexualidade, com freqüência deparo com situações em que sinto falta de técnicas de ajuda a outros, porém deparo com a impossibilidade de buscar treinamento profissional para tal fim.

Lendo este livro, tive a agradável surpresa de constatar que Gary Collins oferece muitas sugestões práticas e acessíveis, dentro de uma abordagem ética e bíblica, a todos os que desejam prestar ajuda eficaz. O autor desmistifica uma série de "preconceitos" quanto a quem deve prestar ajuda, focalizando atenção no fato de que todos nós fomos chamados por Jesus Cristo para fazer discípulos, e que esta tarefa sempre envolverá o aconselhamento e a ajuda às pessoas, aquilo que ele denomina "aconselhamento de discipulado".

Não tenho dúvidas de que este precioso trabalho será de grande valia para os que estão dispostos a enfrentar seus temores e atender à grande comissão de nosso Senhor: fazer discípulos de todas as nações, ajudando homens e mulheres a crescerem na graça e no conhecimento de Jesus Cristo, atingindo maturidade emocional e espiritual. Neste livro, Gary Collins oferece os instrumentos para que possamos levar adiante esse chamado.

Willy Torresin de Oliveira
Diretor Regional – Exodus Brasil

Apresentação

Todo crente em Jesus Cristo é potencialmente um ajudador ou um conselheiro. Esse conceito é profundo e verdadeiro pelo fato de, no corpo de Cristo, Deus não ter estabelecido o cargo de conselheiro. Na realidade, devido ao Espírito Santo habitar em nós, Deus nos capacitou para tudo o que ele planejou que fizéssemos, mesmo além de nossos dons especiais. E, dentre as responsabilidades que ele nos deu, encorajar e aconselhar são duas das mais significativas a serem desempenhadas na igreja.

Nesta obra prática e relevante para a igreja, Gary Collins revela que a tarefa do cuidado mútuo ou do aconselhamento bíblico realizado por iguais é possível e frutífera. Citando um de seus ex-professores, o dr. Joseff Matarazzo, pesquisador com 25 anos de prática terapêutica, ele acentua a realidade de um efeito curador e prático na ajuda realizada por colegas, amigos e irmãos em Cristo. Essa ajuda nada mais é que o cumprimento do mandamento bíblico: "... ensinem e aconselhem uns aos outros com toda sabedoria..." (Cl 3.16; NVI). Lembro-me muito bem de um dos meus professores do Seminário Teológico de Dallas, o dr. Paul Meyer, fundador da Meyer Clinic, encorajando os alunos a se prepararem adequadamente para treinar conselheiros em suas futuras igrejas, pois ele mesmo percebia que 90% dos casos a que atendia em sua renomada clínica poderiam ser solucionados na igreja local. Assim, o doutor Collins está certo ao enfatizar o papel vital exercido pelos conselheiros bíblicos, dentro da igreja local, para a saúde do corpo de Cristo.

Uma das coisas que mais me encantam neste livro é justamente este desafio: ver os cristãos ajudando-se mutuamente, aplicando verdades bíblicas à vida deles e vivenciando o que Romanos 12.8 ordena: "dar ânimo" (NVI). Quando boa parte dos cristãos é solicitada a dar alguma orientação, ou quando depara com alguém em crise, tende também a entrar em crise por não saber o que falar. Sentindo-se incapaz de dizer alguma coisa, envia imediatamente a pessoa para o pastor ou outro líder. Este livro será de grande ajuda para que situações desse tipo se tornem menos freqüentes. Gary Collins realmente procurou equipar o leitor para se colocar no papel de ajudador, em vez de fugir da oportunidade de prestar ajuda. Esse objetivo faz deste livro uma obra muito prática. Ele trabalha não somente o conceito de ajuda, mas também como se tornar um verdadeiro ajudador, em um papel preventivo e corretivo, lidando com pessoas em crise, deprimidas e até prestes a se suicidar etc.

Este livro me encorajou muito como pastor. O autor desenvolve seus conceitos com base em uma abordagem sadia do aconselhamento bíblico. Também relevante é a forma prática como ele ensina os que querem ser ajudadores. Um dos sonhos para minha igreja é ver cada membro sensível e acessível a qualquer um que precise de ajuda: material, emocional ou espiritual. A ajuda material que prestamos nem sempre afeta a alma alheia. Mas quando admitimos nossa fraqueza para ajudar outros em seus conflitos emocionais e ao mesmo tempo nos dispomos nas mãos de Deus para servi-lo, servindo ao próximo em sua luta emocional, podemos ser o toque de Deus na alma necessitada. Deus, através do Espírito Santo, equipa-nos para essa tarefa. Este livro será de grande ajuda na igreja local, em seu trabalho de preparação de ajudadores ou companheiros de ajuda.

Estou plenamente convencido da relevância deste livro no meu ministério. Qualquer pessoa que assumir responsavelmente o papel de ajudador dirá o mesmo.

Lisânias Moura
Pastor da Igreja Batista do Morumbi,
São Paulo

Introdução

"Se não estiver quebrado, não conserte!"

Não sei onde ouvi pela primeira vez essa pérola de sabedoria, mas ela me veio à mente várias vezes enquanto trabalhava na revisão deste livro.

Há quase trinta anos, depois de uma série de palestras no Colorado, algumas pessoas da audiência sugeriram que minhas palavras deviam ser revisadas e publicadas em forma de livro. Alguns anos se passaram antes que eu tivesse tempo para isso, e, depois de terminar o manuscrito, coloquei-o numa gaveta, e me ocupei com outras coisas. Algum tempo mais tarde, mencionei de passagem o fato para um amigo editor, que me convenceu a tirar o pó do manuscrito a fim de que esse pudesse ser impresso. O livro resultante foi bem recebido, vendeu mais cópias do que qualquer outro que eu tivesse escrito, sendo, por fim, traduzido em diversas línguas. Ele continua sendo útil por todos esses anos.

Os princípios daquele primeiro livro continuam relevantes. Então, "se não estiver quebrado, para que consertá-lo?".

A resposta é que muitas mudanças ocorreram desde que este livro foi publicado pela primeira vez—mudanças em técnicas de aconselhamento, abordagens ao treinamento, descobertas de pesquisas e tipos de problemas. Mais dramáticas, talvez, sejam as mudanças de atitude com relação ao aconselhamento.

No livro original, por exemplo, escrevi estas palavras no segundo parágrafo:

Até agora, pouco tem sido escrito para ajudar o conselheiro cristão leigo (ou *paraprofissional*, para usar o termo com o qual essas pessoas são geralmente descritas na literatura psicológica). Quase nada existe impresso para mostrar que o aconselhamento pode e deve ser uma parte vital do avanço da igreja em direção a outros. Há vários anos passamos a compreender que o evangelismo não era apenas responsabilidade do pastor e de Billy Graham. Livros começaram a ser escritos, mostrando que o evangelismo era tarefa de leigos treinados pelos líderes da igreja. Chegou agora o momento de fazermos a mesma mudança na área do aconselhamento. O leigo, especialmente o cristão leigo, deve aceitar mais responsabilidade na satisfação das necessidades dos que procuram consolo, amizade ou conselho. Prestar ajuda não é algo que podemos deixar apenas para os profissionais ou pastores ocupados.

Desde que essas palavras foram escritas, tem havido uma onda de interesse no aconselhamento leigo. Desde o final da década de 1970, diversos livros e programas de treinamento surgiram tanto nas comunidades seculares quanto nas cristãs. O aconselhamento leigo é agora bem aceito. Assim, um dos propósitos originais deste livro desapareceu; não há mais necessidade de convencer os cristãos de que devemos ser ajudadores. A maioria já está convencida.

Apesar das obras concorrentes, este pequeno volume continuou a ser a base dos programas de treinamento dos ajudadores em várias igrejas, faculdades e organizações cristãs. Na primeira edição deste livro, procurei oferecer diretrizes práticas para socorrer a outros—diretrizes claras, de fácil compreensão, livres do jargão psicológico complicado, com base bíblica e psicologicamente exatas. Meu objetivo é o mesmo nesta segunda edição.

Em muitos aspectos, portanto, a primeira edição "não está quebrada", mas *está* superada. Por essa razão, precisa ser *ligada* e adaptada aos últimos anos do século 20 e princípios do 21. Novas informações e descobertas recentes foram incorporadas nas páginas a seguir, juntamente com algumas conclusões mais atualizadas sobre o tema ajuda. Esta nova edição acrescenta informação sobre estresse, oferece técnicas mais detalhadas sobre ajuda, indica alguns dos livros e artigos recentes que tratam do aconselhamento leigo, evita a linguagem sexista incluída na edição anterior e acrescenta alguns exemplos. Escrevi mais uma vez sobre métodos sem tentar resumir informação relativa a problemas específicos, como depressão, ansiedade, conflitos conjugais ou transtornos de comportamento. Outros livros fornecem informações sobre essas e outras áreas similares.[1]

Ajudando uns aos outros pelo aconselhamento foi originariamente parte de um programa de treinamento destinado a ensinar aos leigos habilidades de ajudar. Há vários anos, o manual de treinamento que acompanhava este livro foi tirado de circulação, mas continuei a receber cartas de pessoas que estão ainda tentando encontrar exemplares desse antigo manual. Em lugar de um manual novo e atualizado, exercícios de aprendizado foram incluídos no final deste livro para cada um dos capítulos. Isso permite que você leia o livro de três maneiras. Pode ler o texto e ignorar o restante. Pode ler o texto e tentar fazer sozinho os exercícios. Ou pode ler o texto e depois se reunir em grupo a fim de que todos façam juntos os exercícios e pratiquem o que aprenderam. Essa terceira abordagem fará o máximo para ajudá-lo a se tornar um ajudador mais bem preparado.

Não devemos supor que aprendemos a ser ajudadores eficazes só por ler um livro, mais do que se pode aprender a tocar piano ou nadar lendo um livro. Ajudar envolve interação com outros. Os melhores ajudadores são os que praticam suas habilidades de ajuda e que se envolvem na vida de outros.

Ao ler as páginas a seguir, o leitor verá que a palavra *aconselhamento* não é muito usada. Aconselhamento é uma boa palavra, e grande parte do que os leigos fazem é aconselhamento. Mas prefiro reservar o termo para os que têm treinamento nas profissões de auxílio e que se concentram em ajudar outros com problemas pessoais. *Ajudador* sugere algo mais amplo. Os ajudadores falam face a face com outros sobre os problemas, mas a ajuda vai além disso, e corresponde mais a termos como *cuidado, encorajamento, satisfação de necessidades, estender-se, dar apoio ou ajuda de amigo para amigo*. Muitos de nós jamais serão conselheiros; todos somos, porém, chamados para ajudar.

Como a edição anterior, esta edição revisada baseia-se na crença de que a ajuda (e o aconselhamento cristão) deve ter a Bíblia, a Palavra de Deus, como fundamento, e estar de acordo com a Grande Comissão: Jesus ordenou a seus seguidores que fizessem discípulos de todas as nações. O conceito de discipulado é tão relevante que será discutido no primeiro capítulo.

Não estou querendo dizer que os ajudadores competentes devem desconsiderar as técnicas de psicologia, psiquiatria, ou outras profissões de ajuda. Não se trata de uma tentativa de desacreditar a profissão de aconselhamento, ou sugerir que conselheiros altamente treinados sejam desnecessários. Faço parte dos que são chamados conselheiros profissionais, e respeito muitos de meus colegas. Mas reconheço também (como fazem vários de meus colegas de profissão) que muitas pessoas podem ser ajudadores eficazes, embora tenham pouco ou nenhum treinamento. Este livro é escrito para ajudá-las—ajudar você—a ser melhores ajudadores; a desempenhar essa tarefa de ajuda com maior habilidade e eficiência.

Muita gente foi de grande ajuda para mim enquanto escrevia este livro, especialmente minha esposa Julie. Além disso, agradeço profundamente a Lawrence Tornquista por sua amizade contínua e por ter contribuído significativamente para a primeira edição deste livro; à minha filha Lynn Collins, que digitou parte das páginas (poupando assim meu tempo no computador); e a Timothy Clinton e Ron Beers, que me encorajaram a fazer esta revisão. Joy Olson, minha assistente administrativa, é especialista em psicologia e no trato com pessoas, protegendo-me de interrupções desnecessárias e contribuindo de muitas formas para que eu pudesse completar este projeto. Meu agradecimento especial a Brett Helvie, que ajudou com as pesquisas para este livro, escreveu a maioria das perguntas de estudo, trabalhou comigo na produção do programa de treinamento, deu sugestões para o manuscrito revisado e preparou o índice.

No decorrer dos anos, apresentei muitos dos conceitos aqui expostos a várias audiências, dentro e fora dos Estados Unidos. Sou grato pelas reações dessas pessoas, de estudantes, ajudadores e outros que me escreveram sobre esse tema. Muitos desses indivíduos, anônimos, ajudaram-me a depurar minhas primeiras idéias, e fizeram deste um livro melhor que o anterior. Talvez aquela primeira edição precisasse, verdadeiramente, de alguns consertos!

Espero que as páginas a seguir sejam interessantes e úteis.

Acima de tudo, oro para que este livro ajude você a tornar-se um ajudador cristão mais habilitado, servindo a Cristo ao ajudar outros.

Gary R. Collins

Notas

1. Veja, por exemplo, meu livro, *Christian counseling: a comprehensive guide* (Dallas: Word, 1988).

1
Coração ajudador

Será que alguém vai parar?

Foi o que John e Tib Sherrill devem ter-se perguntado, de pé no sol escaldante de agosto, junto a seu carro quebrado. A estrada em que estavam era movimentada, especialmente no verão quando milhares de famílias em férias se dirigem para as atrações turísticas da Flórida. Durante uma hora e meia os carros passaram velozes enquanto os Sherrills observavam. Ninguém sequer diminuiu a marcha. Talvez os motoristas estivessem apressados demais para notar o casal ali encalhado. É possível que temessem envolver-se com estranhos. Outros podem ter pensado que alguém iria certamente parar e ajudá-los.

Na verdade alguém fez isso. Uma velha picape suja de lama parou no acostamento e deu ré até o carro enguiçado. O motorista era um jovem fazendeiro vestido de macacão manchado de barro cinza. Saindo do veículo, ele pronunciou só uma palavra: "Problemas?".

O homem quase não falava inglês; mas olhou dentro do capô do carro, balançou a cabeça e fez sinal para os Sherrills subirem na sua picape.

Rodaram juntos cerca de trinta quilômetros até a próxima saída, onde o fazendeiro levou os passageiros à oficina mais próxima, esperou para ver se conseguiriam ajuda, e voltou à caminhonete. John abriu a carteira para pagar o homem por seu trabalho, mas ele sorriu e sacudiu a cabeça. Todos trocaram apertos de mão, e o homem partiu.

Em pouco tempo o carro foi consertado, e o casal continuou seu caminho, agradecido pelo bom samaritano que havia parado depois de tantos outros terem passado reto. Era praticamente certo que nunca mais o veriam. Não havia meios de recompensá-lo por sua bondade, mas John teve uma idéia. Decidiu parar e oferecer ajuda ao primeiro motorista com problemas que encontrasse no caminho. "Melhor ainda", disse ele à mulher, "vamos parar e ajudar os próximos dez".

"Tomar essa decisão altruísta foi uma coisa; mas praticá-la foi outra", escreveu John, contando sua experiência num artigo. Ele sabia que parar poderia ser perigoso e precisava ter cuidado. Pediu, porém, que Deus o guiasse.

A primeira oportunidade chegou alguns meses mais tarde, quando os Sherrils viram uma família parada na estrada em Nova Jersey. A gasolina deles acabara, e então o casal levou o homem até o posto mais próximo.

Naquela noite, quando estavam tirando as coisas do carro, encontraram a carteira do homem no lugar em que ela caíra — no chão do banco de trás.

—Espero que não tenha ficado preocupado — disse John quando telefonou para avisar que a carteira seria enviada na manhã seguinte.

—Claro que não, respondeu o homem. —O bom samaritano roubaria?

Mais de três anos se passaram desde que o fazendeiro de fala espanhola parou para ajudar os Sherrils na Flórida. Desde aquela ocasião, eles próprios pararam muitas vezes para oferecer ajuda—mais do que as dez prometidas. Em cada caso, recusaram pagamento, e, em vez disso, contaram a história de suas experiências. As reações quase sempre eram as mesmas: "Vou fazer a mesma coisa! Vou ajudar, do mesmo modo que vocês estão fazendo".

John e Tib Sherrill são ajudadores. Eles talvez nunca tenham feito um curso de aconselhamento, mas ajudaram muitos indivíduos com problemas em tempos de necessidade.[1]

Você pode ser um ajudador

Ajudar é tarefa de todos. Psicólogos, psiquiatras, assistentes sociais, pastores e outros profissionais são especialistas nessa área; mas, de um ou outro modo, todos nós temos oportunidade de ajudar quase todos os dias. Orientar nossos filhos numa crise, consolar um vizinho enlutado, aconselhar um adolescente sobre um problema de namoro, ouvir um parente descrever suas dificuldades com um filho ou filha problemático, encorajar a família de um alcoólatra, ajudar o cônjuge a enfrentar uma situação difícil no trabalho, guiar um jovem cristão num período de dúvida—todas essas são situações de ajuda. Assim como ajudar um motorista em dificuldades no acostamento.

Apesar de haver muitos profissionais em nossa cultura estressada, a maioria dos problemas é cuidada por leigos, quer se sintam qualificados, quer não. Mesmo que pudesse haver um número suficiente de conselheiros profissionais e pastorais para cuidar das necessidades de todos, algumas pessoas ainda prefeririam discutir seus problemas com um parente, vizinho ou amigo. Os amigos estão por perto, não cobram a consulta, estão disponíveis, e, geralmente, é mais fácil falar com eles do que com um estranho portador um título causador de temor, como "psiquiatra", "terapeuta" ou "psicólogo". Os ajudadores não-profissionais podem ter pouco ou nenhum treinamento, mas causam, mesmo assim, bastante impacto. Essas pessoas—indivíduos como os Sherrills ou como você—estão na linha de frente da batalha contra o estresse, a confusão e a doença mental.

A arte de ajudar e a Grande Comissão

Pouco antes de voltar ao céu, Jesus deu seu famoso mandamento para o pequeno grupo de seguidores que se reuniu em torno dele no monte da Galiléia.

"Ide, portanto, fazei discípulos de todas as nações", disse ele, "batizando-os em nome do Pai, e do Filho, e do Espírito Santo, ensinando-os a guardar todas as coisas que vos tenho ordenado". Jesus assegurou aos discípulos sua completa autoridade e presença com eles, "todos os dias, até a consumação do século" (Mt 28.19-20). Depois partiu.

Os homens e mulheres com quem Jesus falou já eram discípulos. Eles haviam tomado a decisão de seguir Jesus e entregar sua vida completamente a ele. Devem ter compreendido, pelo menos parcialmente, que, por causa do amor divino, Cristo viera ao mundo para morrer no lugar dos seres humanos pecadores. Devem ter admitido e confessado seu pecado e se submetido completamente ao Senhor ressurreto. Esse era o grupo dedicado a quem Jesus deu uma dupla responsabilidade. O discipulado deveria envolver *testemunhar* às pessoas sobre Jesus, com o objetivo de levá-las a um ponto em que decidiriam se tornar seguidoras de Cristo, e *ensinar* a outros o que Jesus transmitira no seu breve tempo na terra.

Jesus ensinou que todos fomos criados à imagem de Deus e que somos amados por ele. Mas somos também pecadores necessitados de um salvador. Jesus contestou a idéia de que o indivíduo é filho de Deus por causa de sua cidadania, da crença dos pais, de filiação religiosa, ou de boas obras. Em vez disso, Jesus proclamou que se alguém quiser ter vida eterna no céu e vida abundante na terra deve abandonar os esquemas humanos para alcançar a Deus ou ganhar seu favor. Em lugar disso, é necessário confessar o pecado e entregar toda a nossa vida ao controle de Deus. A morte de Jesus teve como propósito pagar a dívida pelo pecado humano e tornar possível, para os que quisessem, virem a ser filhos de Deus (Jo 3.16; 10.10; Rm 3.23; 5.8; 10.9). Os discípulos foram instruídos a proclamar essa mensagem, insistindo com as pessoas que colocassem sua fé em Cristo, e a batizar os novos cristãos ensinando-lhes as Escrituras.

Alguém sugeriu que o Senhor começou seu ministério chamando um pequeno grupo de doze homens para se *tornar* discípulos; que terminou seu ministério com a Grande Comissão para *fazer* discípulos; e que, nesse intervalo, ensinou as pessoas como *ser* discípulos. Nesse processo, Jesus aproximou-se das pessoas de várias maneiras. Em ocasiões diferentes, instruiu, ouviu, pregou, discutiu, encorajou, condenou e demonstrou o que era ser um verdadeiro filho de Deus. É possível que não tenha havido duas pessoas abordadas exatamente do mesmo modo. Jesus reconheceu as diferenças individuais na personalidade, nas necessidades e no nível de compreensão das pessoas e tratou-as conforme suas peculiaridades.

O objetivo da Grande Comissão

Não parece que a Grande Comissão se limitasse a uma área geográfica ou a um período da história. Não há também qualquer indicação de que as instruções de Jesus fossem limitadas a umas poucas pessoas, tais como pastores ou líderes da igreja. Pelo contrário, era intenção de Jesus que todos os seus seguidores, nas gerações vindouras, se envolvessem na tarefa de fazer discípulos—empenhados em alcançar os incrédulos e em ensinar os novos cristãos.

A Grande Comissão tem relevância para os cristãos hoje. Desde que ser discípulo e fazer discípulos são requisitos para todos os cristãos, o discipulado de outros deve ser, certamente, uma parte do aconselhamento cristão e da ajuda às pessoas— talvez até o alvo principal.

O significado do discipulado

Antes de continuar com essa sugestão controversa, é importante pensar sobre o sentido de discipulado. Em seu significado mais amplo, a palavra *discípulo* quer dizer "estudante" ou "aprendiz". Como usado nas Escrituras, porém, o termo tem uma conotação muito mais forte: implica a aceitação de pontos de vista e ensinamentos de um líder a quem obedecemos. O discípulo quer aprender de seu mestre e tornar-se como ele, em caráter (Lc 6.40).

Os indivíduos que se matriculam em minha classe são meus alunos, mas não são meus discípulos. Eles aprendem de mim, mas não me seguem em obediência e dedicação. Seu alvo não é tornar-se como eu. Em contraste, Jesus veio ao mundo para fazer discípulos que iriam aprender dele, obedecê-lo, tornando-se como ele e seguindo-o. Ele passou sua vida discipulando homens e mulheres. Então, no final de sua vida terrena, ordenou a cada um de nós que seguisse seu exemplo fazendo discípulos para ele. Conseqüentemente, Jesus nos deu a tarefa de fazer discípulos que pudessem continuar seu trabalho.

As características do discipulado

Segundo as Escrituras, o discípulo tem pelo menos três características, é chamado para abrir mão de três coisas valiosas, e recebe três responsabilidades. Como veremos, tudo isso é importante para os que se dizem cristãos; tudo isso pode ser de crucial significado para os que querem ser ajudadores cristãos. Vamos examinar primeiro as três características de um discípulo de Jesus Cristo: obediência, amor e frutificação.

Obediência

Discípulo é um indivíduo dedicado e obediente à pessoa e aos ensinamentos do mestre. É possível ser um espectador curioso que faz observações sobre Jesus, um estudante que aprende de Jesus, ou um estudioso que analisa cuidadosamente os ensinos de Jesus, mas essas pessoas não são discípulos. O discípulo ouve as palavras "Vinde após mim" (Mt 4.19), e decide fazer isso em completa submissão e vontade de obedecer.

Ser obediente a Jesus é colocar-se sob a autoridade de Deus e da Palavra Viva de Deus (Jo 1.1,14). Segundo Jesus, somos verdadeiramente seus discípulos quando guardamos suas palavras e ensinamentos (Jo 8.31; 15.7). Isso implica permitir que a Palavra de Deus exerça absoluto controle sobre nossa vida. Envolve buscar obedientemente moldar cada aspecto da vida aos ensinamentos bíblicos.

Amor

A segunda característica do discípulo é amor. Em João 13.34, 35, Jesus deu aos discípulos um "novo mandamento": o de amar uns aos outros (veja também Jo 15.12, 17). "Assim como eu vos amei, que também vos ameis uns aos outros. Nisto conhecerão todos que sois meus discípulos; se tiverdes amor uns aos outros". O amor tem sido chamado a marca do cristão. É claro que todos falhamos em viver de acordo com esse padrão, e as igrejas são, às vezes, mais caracterizadas pelo conflito do que pela compaixão. Não obstante, o amor deve ser a mais evidente e singular característica do discípulo de Jesus Cristo. É o requisito básico para qualquer um que procure ser um ajudador.

Enquanto escrevia sua primeira epístola, o apóstolo João compreendeu que alguns de seus leitores vinham tendo dificuldade em saber quem era e quem não era realmente cristão. Para ajudar a resolver essa questão, João indicou que os verdadeiros cristãos são pessoas caracterizadas pelo amor. Quando a pessoa não tem amor, João disse que provavelmente não é sequer um cristão (1Jo 4.7-11). É uma contradição pensar que alguém pode ser um verdadeiro seguidor de Cristo, e não mostrar amor.

Frutificação

"Nisto é glorificado meu Pai", declarou Jesus, "em que deis muito fruto; e assim vos tornareis meus discípulos" (Jo 15.8). A frutificação é a terceira característica de um discípulo.

Vivemos numa sociedade em que quase todos querem ter sucesso e em que muitos de nós têm planos pessoais para alcançar essa meta. Alguns cristãos bem-intencionados sonham com ministérios bem-sucedidos e trabalham diligentemente para que esses sonhos se concretizem. Em João 15, porém, Jesus disse a seus seguidores que todos esses esforços seriam inúteis a não ser que os discípulos se dedicassem individualmente a Cristo, permanecendo nele e não tentando avançar por esforço próprio, dependendo de seus próprios recursos. Jesus usou o exemplo dos ramos de videiras que não produziam fruto. A melhor coisa, afirmou ele, seria cortá-los da videira e queimá-los.

É algo a ponderar, compreender que Deus pode vir um dia e destruir nosso trabalho egocêntrico (2Pe 3.10). Algumas coisas, porém, jamais serão destruídas, inclusive a Palavra de Deus (Is 40.8) e o povo de Deus (Jo 5.18-29). Ao estabelecer objetivos de vida, os discípulos devem, portanto, procurar compreender a Palavra de Deus e edificar as pessoas que foram criadas para Deus.

Na noite em que foi traído, Jesus reuniu os discípulos no cenáculo e passou a ensiná-los novamente. Suas palavras estão registradas em João, capítulos 13 a 17. Depois de servida a refeição da noite, Jesus tomou uma bacia com água e lavou os pés dos discípulos. Esse foi um ato supremo de humildade e serviço.

"Vós me chamais Mestre e Senhor e dizeis bem; porque eu o sou", disse Jesus, ao reunir-se de novo com os discípulos à mesa; acrescentou a seguir que eles deviam seguir seu exemplo e servir uns aos outros: "Porque eu vos dei o exemplo, para que, como eu vos fiz, façais vós também" (Jo 13.13-15).

Os custos do discipulado

A Bíblia nunca promete que vai ser fácil seguir a Cristo e ser um discípulo. Os verdadeiros servos devem estar dispostos a gastar tempo e energia, desistir do conforto pessoal e, algumas vezes, do dinheiro, no esforço de agradar ao Mestre e ajudar outros. Em vista de haver um preço para o discipulado, ninguém pode ser recrutado à força ou mediante manipulação. Tornar-se discípulo é um compromisso voluntário, mantido apenas pelos que compreendem as exigências e estão dispostos a pagar o preço. É claro que o seguidor de Cristo receberá grandes benefícios. Quando estamos cansados ou ansiosos, por exemplo, podemos entregar nossos cuidados a Jesus, que é compassivo e está disposto a carregar nossos fardos (Mt 11.28-30; 1Pe 5.7). Mas ser discípulo de Jesus Cristo significa também que devemos estar prontos a desistir de nossos relacionamentos mais íntimos, nossas maiores ambições e nossos bens pessoais (Lc 14.33).

Relacionamentos pessoais

Primeiramente, vamos considerar nossos relacionamentos pessoais. Jesus nunca destruiu a família. Pelo contrário, ele nos instruiu a respeitar os pais, ensinar aos filhos sem irritá-los e a amar o cônjuge. Apesar disso, o relacionamento que temos com Cristo deve ter precedência até sobre a família (Lc 14.25, 26).

Alguns obreiros cristãos aparentemente interpretam isso como significando que podem fazer "o serviço do Senhor" e abandonar suas famílias à própria sorte. Tal comportamento esquece que criar uma família e cumprir as obrigações como membros dela *são* trabalhos feitos para o Senhor, tanto quanto pastorear uma igreja, ensinar a Bíblia ou servir como diácono. Deus certamente nos responsabilizará pelo que fizermos com as pessoas de nossa família; mas, em termos de prioridade, devemos estar dispostos a colocar Cristo em primeiro lugar na nossa vida, mesmo antes dos membros da família.

Ambições pessoais

Para muitas pessoas concentradas na carreira, pode ser ainda mais difícil pôr de lado suas ambições. Em Lucas 9, depois de cinco mil pessoas terem sido alimentadas, os discípulos devem ter sentido que faziam parte de algo grande e de muito sucesso. Nesse ponto, Jesus anunciou que o discipulado envolve a negação do "eu" (nossas ambições pessoais, inclusive), carregar uma cruz (símbolo de posição inferior e de morte) e seguir a Cristo (Lc 9.23-25). Deus às vezes permite que o discípulo alcance uma elevada posição, e que, com freqüência, ele ou ela consiga realizar seus alvos pessoais e financeiros. Mas o discípulo deve estar pronto a deixar as ambições pessoais ou a modificá-las, para que se conformem ao que Cristo quer para sua vida.

O preço do compromisso não parece ser muito enfatizado em nossos dias. Charles Colson chamou o compromisso de "um valor desconhecido na vida atual".[2] É possível que muitos temam que o compromisso leve a uma vida de miséria e monotonia. Os planos de nos tornarmos pessoas de sucesso vão fracassar; e, em vez disso, Deus poderia enviar-nos como missionários a alguma selva infestada de cobras, ou a uma cidade assolada pelo crime. A implicação é que o compromisso com Cristo leve a um plano inferior.

Deus, porém, certamente, nunca coloca seus seguidores em segundo plano—embora de nossas perspectivas limitadas possamos pensar que foi isso que recebemos. Deus sempre dá o que é melhor para nós quando entregamos nossas ambições pessoais nas mãos dele. Poucos estão dispostos a correr esse risco.

Bens pessoais

O discipulado pode também custar nossos bens. Riquezas, saúde, fama, bens materiais—nada disso é errado em si, e Deus dá muitas vezes essas coisas em abundância. Mas elas se tornam más quando passam a ser o alvo principal da vida.

Há alguns anos, minha esposa e eu estávamos procurando uma casa nova para comprar. A nossa tinha ficado pequena demais e sentimos necessidade de um espaço maior. Certa noite, fizemos uma lista de tudo o que queríamos: lareira, lava-louças, sala de jantar separada, ar-condicionado, porão, pátio, garagem para dois carros, escritório, boa localização, vista agradável—e muito mais. Antes de pouco tempo, começamos a nos perguntar por que queríamos todas essas coisas—até mesmo algumas que, na verdade, não podíamos comprar. Estávamos querendo acompanhar os padrões de uma cultura que mede o sucesso pelo tamanho da casa do indivíduo, ou pela marca e modelo do seu carro? Estávamos sendo levados a uma mentalidade que mede o valor pessoal pela abundância de nossos bens?

A procura de uma casa nos fez lembrar que na eternidade o valor da pessoa não será medido pelo que ela possuía na terra. Todos os bens (dinheiro, casas, automóveis, acessórios poupa-tempo, equipamento de som e outros aparatos) vêm da mão de Deus. Tudo pertence a ele, deve ser entregue a ele e deve ser usado de modo que nos leve a ser melhores discípulos de Jesus e discipuladores. "Assim, pois, todo aquele que dentre vós não renuncia a tudo quanto tem não pode ser meu discípulo" (Lc 14.33), disse Jesus aos que o seguiam. Esforços para obter bens pessoais e adoção de um estilo de vida opulento irão reduzir nossa eficácia em obedecer à Grande Comissão de Cristo.

As responsabilidades do discipulado

Além dos custos, ser discípulo envolve pelo menos três responsabilidades.

Evangelização

Há alguns anos, li, pela primeira vez, sobre a pequena ilha de Iona, perto da costa da Escócia. Foi ali que os primeiros cristãos se retiraram do "mundo" a fim de estudar, orar, descobrir inspiração, adorar e planejar uma estratégia antes de deixarem a ilha e se espalharem por toda a Escócia com o evangelho. Quando se sentiam cansados e necessitando respirar livremente, voltavam a Iona para descansar e recuperar-se antes de se dispersar novamente.[3]

A ilha era um lugar de oração e fortalecimento, tão diferente do mundo quanto possível. Alguns sugeriram que a igreja deveria ser assim: um lugar de refrigério e preparação dos santos comprometidos com a evangelização. Na prática, as coisas nem sempre funcionam desse modo. Os cristãos vão à igreja, onde são cercados por outros cristãos que enviam a mensagem evangélica mediante um missionário estrangeiro ou pelas ondas sonoras no conforto dos estúdios de televisão. Em nossos esforços para sermos relevantes, tentamos ser tão iguais ao mundo quanto possível e esperamos que os incrédulos nos procurem. Há pouco estudo bíblico sério ou preparação para o evangelismo. Como resultado, não somos testemunhas muito eficazes e não crescemos muito como discípulos.

O verdadeiro discípulo é responsável por dar testemunho de Cristo. Isso não significa afastar-se de todos os não-cristãos; mas, sim, que, seguindo o exemplo de Paulo, devemos buscar um campo comum com os não-cristãos, esperando que alguns possam ser finalmente levados a Cristo (1Co 9.19-22).

Segundo um escritor,[4] essa evangelização inclui três fatores: (1) proclamação do evangelho para que os homens e mulheres possam compreender que são pecadores, a oferta da graça salvadora de Deus e a necessidade de sua resposta para obter a salvação; (2) levar as pessoas a uma decisão de fé em Cristo e a um compromisso de sua vida com ele, resultando em sua justificação por Deus e em novo nascimento na sua família espiritual; e (3) uma declaração pública dessa nova lealdade a Jesus Cristo.

Levando outros à maturidade

A segunda responsabilidade do discípulo é levar outros à maturidade. Deus usa os cristãos dedicados para cumprir essa tarefa, e parece trabalhar de várias maneiras. Algumas vezes, por exemplo, cristãos mais idosos servem de exemplo ou modelo do que o cristianismo amadurecido deveria ser (1Ts 2.8; 1Tm 4.12). Os novos cristãos recebem ensino e informação (2Tm 3.15-17), são confrontados com as dificuldades do discipulado (Lc 14.25-33) e adquirem experiência pela prática no serviço (Mc 6.7). Na maioria das vezes, esse processo de maturação não depende apenas de um professor humano. Ele surge quando os novos cristãos e os mais avançados na fé se reúnem com regularidade. Como uma comunidade de cristãos, eles adoram juntos, ouvem os ensinamentos da Palavra de Deus, incentivam uns aos outros a amar e fazer boas obras, crescendo até chegar a ser um corpo de cristãos amorosos, atenciosos, que prestam mutuamente contas (Ef 4.16; Hb 10.24, 25). Dessa forma, os discípulos aprendem uns dos outros e edificam uns aos outros. A maturidade acontece porque cada um passa tempo com Deus em particular, aprende dos mentores e modelos mais maduros espiritualmente (1Co 11.1) e se reúne regularmente com um grupo de apoio de companheiros cristãos.

Preparando discipuladores

O discípulo tem também a responsabilidade de formar discipuladores—treinar os que podem discipular. Paulo deixou isso claro quando escreveu a Timóteo: "Fortifica-te na graça que está em Cristo Jesus. E o que de minha parte ouviste através de muitas testemunhas, isso mesmo transmite a homens fiéis e também idôneos para instruir a outros" (2Tm 2.1, 2). O discipulado é um processo de multiplicação em que os que são discípulos discipulam outros, que, por sua vez, se tornam discipuladores. Deus jamais pretendeu que os cristãos aceitassem o evangelho e não fizessem mais nada. Ele quer que sejamos discípulos, com todas as características, custos e responsabilidades que isso envolve, e que depois saiamos para fazer novos discípulos para Cristo.

Discipulado e ajuda

A ênfase no discipulado é tão fundamental para os ensinamentos do Novo Testamento e tão básica para o estilo de vida cristão que não pode ser ignorada quando o cristão entra numa relação de aconselhamento ou de ajuda. É claro que o ajudador não é um manipulador, comprometido em impor religião a pessoas inocentes que querem falar de problemas pessoais. No aconselhamento, como na maioria dos outros relacionamentos, não é comum levantar assuntos religiosos de imediato. Mas a Grande Comissão, o papel de servo e o discipulado estão no núcleo da mensagem cristã e devem ser, então, um ponto importante na mente do cristão envolvido em ajudar.

O ajudador que leva a sério a Grande Comissão será diferente do ajudador não-cristão.

Os bons conselheiros costumam fazer periodicamente uma auto-análise, buscando tomar conhecimento de suas dificuldades psicológicas e tentando mudar sua vida (talvez com a ajuda de outro conselheiro). Mas o ajudador cristão deve também envolver-se num auto-exame espiritual: "Sou realmente dedicado a Cristo? Estou disposto a aprender, já que nenhum cristão está certo o tempo todo? Disciplino a mim mesmo, a fim de crescer espiritualmente? Sou fiel a um corpo local de cristãos? Sou sensível à orientação do Espírito Santo, procurando expulsar o pecado da minha vida, crescendo como discípulo de Jesus Cristo, e estou sinceramente interessado no crescimento espiritual de outros?". O ajudador deve fazer a si mesmo essas perguntas.

É possível responder não a cada uma dessas perguntas e, mesmo assim, ajudar. Terapeutas seculares bem-sucedidos são exemplos disso, assim como muitos cristãos responsáveis. Nenhum de nós já "chegou lá" espiritualmente, e até cristãos mais dedicados continuam em crescimento. Mas falta algo na ajuda que deixa de fora a dimensão espiritual. Ela pode estimular bons sentimentos e ajudar o indivíduo a enfrentar o estresse, mas nada faz para prepará-lo para a eternidade ou para levá-lo a experimentar a vida abundante aqui na terra—uma abundância que só é alcançada mediante o compromisso com Cristo (Jo 10.10).

O discípulo de Jesus Cristo espera que com o tempo as pessoas que recebem ajuda (outros as chamam de "aconselhados", "clientes" ou "pacientes") irão considerar os ensinamentos de Cristo, entregarão sua vida a ele e crescerão no conhecimento dele. Isso não significa que o evangelismo e o amadurecimento espiritual sejam os únicos—ou até os principais—alvos do aconselhamento; trata-se, porém, de metas crucialmente importantes que os cristãos ajudadores tendem a ignorar ou esquecer.

Três abordagens acerca da tarefa de ajudar

Nas últimas décadas, o volume de informação e descobertas nas pesquisas sobre aconselhamento explodiu. Mesmo com a ajuda de computadores poucos de nós podem manter-se atualizados, e não é mais possível para ninguém conhecer todo o progresso nessa área. Existem literalmente milhares de técnicas de aconselhamento e centenas de formas de compreender o ofício de ajudador. Para nossos propósitos, porém, vamos mencionar três abordagens principais usadas pelos cristãos.

Abordagens humanísticas seculares

Esses métodos de ajudar nada dizem sobre Deus. O conselheiro usa métodos para ajudar outros a lidar com problemas, obter discernimento, mudar comportamentos, tomar decisões, ou para ajudar em outras áreas, sem qualquer referência às questões espirituais cristãs.

Abordagens do tipo "Deus como ajudador"

Essas abordagens têm objetivos afins aos dos terapeutas seculares, mas o conselheiro, ou outro ajudador, reconhece, pelo menos particularmente, que Deus é fonte de orientação e sabedoria, ajudador divino que responde a orações e nos guia no processo de ajuda. Assuntos espirituais não são evitados quando surgem na conversa; algumas vezes, até Deus é mencionado na sessão de aconselhamento. No geral, porém, o conselheiro nunca diz nada sobre Deus, e a pessoa que comparece para pedir ajuda talvez não fique sabendo que seu conselheiro é cristão.

Abordagens teocêntricas

Diferentemente dos pontos de vista anteriores, a abordagem teocêntrica advoga que um Deus eterno existe e que ele tem propósitos supremos para a raça humana. Defende que Deus está presente durante o aconselhamento, usando o ajudador como instrumento para produzir mudanças na vida do aconselhado. Espera-se que essas mudanças restaurem a harmonia entre ele e Deus, melhorem o relacionamento pessoal com outros, ajudem a reduzir os conflitos internos, aperfeiçoem a habilidade de lidar com o estresse, dêem forças para suportar o sofrimento e instilem a "paz de Deus, que excede todo o entendimento" (Fp 4.7).

O discípulo que é também ajudador procura utilizar essa abordagem teocêntrica. Capacitado pelo Espírito Santo, ele está disposto a desenvolver as características, pagar o preço e suportar as responsabilidades do discipulado. Por sua vez, o ajudador torna-se o instrumento de Deus para operar mudanças na vida daqueles a quem é dada ajuda.

A diversidade do aconselhamento cristão

É irreal esperar que cheguemos um dia a uma abordagem bíblica do aconselhamento e ajuda, mais do que tenhamos descoberto uma abordagem bíblica às missões, evangelismo, educação cristã, teologia sistemática ou pregação. As técnicas de ajuda dependem em grande parte da personalidade, treinamento, talentos e crenças teológicas do ajudador, assim como da natureza dos problemas de quem vai ser ajudado. Em vez de tentar descobrir uma teoria de aconselhamento ou abordagem "verdadeira", devemos procurar descobrir as várias técnicas e abordagens de aconselhamento que surgem dos ensinamentos das Escrituras ou são claramente compatíveis com eles. Devemos tentar, então, esses métodos, sem usar sentimentos subjetivos como prova de que estamos "realmente ajudando", mas empregando determinação cuidadosamente controlada e técnicas de avaliação. Muitos dos métodos estabelecidos para ajuda serão mencionados nas páginas seguintes.

O ponto por onde começar uma abordagem cristã no aconselhamento é, porém, a Bíblia, e não pode haver um ponto inicial mais básico do que a Grande Comissão dada por Jesus. Esse é um modelo para construir a igreja e um fundamento sobre o qual construir vidas e relacionamentos interpessoais por meio da arte de ajudar.

Notas
1. John Sherrill, "My Samaritan Experiment", *Guideposts,* fevereiro 1990, 171-74.
2. Ted W. Engstrom, *A Time of Commitment* (Grand Rapids: Zondervan, 1987). Veja também Jerry White, *The Opwer of Commitment* (Colorado Springs: NavPress, 1985); Edward Dayton, *What Ever Happened to Commitment?* (Grand Rapids: Zondervan, 1984); e Crawford W. Loritts, Jr., *A Passionate Commitment* (San Bernardino, Calif.: Here's Life Publishers, 1989).
3. Essa descrição, de um parágrafo, é um resumo simples dos primeiros dias da comunidade de cristãos, estabelecida em Iona em 563 d.C. Em 1988, a Collins Fount Books, da Inglaterra, publicou uma história dessa comunidade, incluindo acontecimentos da década de 1930, quando a abadia arruinada de Iona foi reconstruída, e uma nova comunidade estabelecida. O livro foi escrito por Ron Ferguson e intitulado *Chasing the Wild Goose: The Iona Community.*
4. Allan Coppedge, *The Biblical Principles of Discipleship* (Grand Rapids: Zondervan, 1989), 115.

2

Os fundamentos da arte de ajudar

O que é ser um ajudador cristão? O cristão e o não-cristão têm alvos diferentes ao ajudar? Se levamos a Bíblia a sério, isso influenciará a forma como lidamos com as pessoas? Podem existir abordagens baseadas na Bíblia, para ajudar, que levam em conta diferenças de personalidade nos ajudadores, singularidade em cada pessoa ajudada e diversidade nos problemas encontrados nas situações de ajuda? O cristão pode aprender e usar teorias e técnicas de aconselhamento que os terapeutas seculares desenvolveram e que mostraram ser eficazes, ou temos de repudiar totalmente a psicologia—como alguns escritores recentes propõem?

Esses tipos de perguntas me interessaram muitos anos depois de eu ter recebido meu diploma em psicologia clínica e ido trabalhar num centro de aconselhamento universitário. Eu possuía um diploma para provar que era um psicólogo profissional treinado, mas não me sentia muito competente apesar de toda a minha educação em várias escolas graduadas de renome. Como cristão, parecia que eu deveria estar fazendo algo mais do que seguir os métodos seculares que havia aprendido, mas não sabia como fazer nada diferente ou melhor. Empregado no centro de aconselhamento de uma universidade estadual, eu não podia falar muito sobre religião e manter meu emprego, mas sabia que o evangelho de Jesus Cristo tinha algo a dizer àqueles garotos frustrados que compareciam todos os dias ao meu consultório.

Enquanto trabalhei naquele centro de aconselhamento, penso que ajudei muitas pessoas, e meu empregador parecia satisfeito com meu trabalho. Eu, porém, não me achava contente. Depois de vários meses, decidi que minhas habilidades eram mais adequadas para o ensino e deixei o centro de aconselhamento, indo trabalhar no departamento de psicologia de uma faculdade de ciência humanas. Ensinar foi uma experiência compensadora. Eu gostava dos alunos e do estudo, porém minhas inseguranças quanto ao aconselhamento persistiam.

Foi então que encontrei Paul Tournier.

Aconselhamento de discipulado

Após a morte de Tournier, em 1987, seus livros caíram de popularidade; mas até o início dos anos 1980, esse homem era conhecido em todo o mundo e muito considerado como um ajudador cristão. Na escrita, seu estilo talvez fosse difícil de compreender, e os leitores nem sempre concordavam com sua teologia ou suas conclusões, mas Paul Tournier deve ter ajudado milhares mediante seu aconselhamento, suas conferências e seus livros. Ele viajava muito, especialmente nos últimos anos antes de morrer, e seus escritos foram traduzidos em várias línguas.

Tournier morava num subúrbio de Genebra, na parte de fala francesa da Suíça. Por vários meses, minha família e eu vivíamos nas proximidades, e pude então aprender com Tournier e escrever um livro sobre ele.[1] Era um homem genuinamente humilde, compassivo e piedoso, que levava a Bíblia a sério, demonstrava sempre amor cristão, tentou manter-se a par das tendências na área de aconselhamento e reconheceu que cada ajudador é, sob alguns aspectos, único. Ao conhecê-lo, comecei a ver pela primeira vez algo do potencial do aconselhamento cristão. Tournier não propunha qualquer sistema formal de aconselhamento; todavia, desenvolveu uma abordagem bíblica para dar assistência às pessoas, e me ensinou que o aconselhamento podia funcionar.

Diversos escritores têm proposto abordagens que afirmam ser bíblicas e supostamente eficazes. Alguns cristãos declaram ter a "verdadeira" abordagem bíblica para ajudar, e que todas as demais são erradas. Isso confunde muitas pessoas. "Como podemos ser cristãos", perguntam, "e ter tal variedade de sistemas de aconselhamento, todos afirmando ter origem na Bíblia?".

Precisamos lembrar que os conselheiros, como os teólogos e os estudiosos da Bíblia, são seres humanos falíveis. Vemos as coisas sob diferentes perspectivas. Os fiéis presbiterianos discordam dos fiéis batistas em questões importantes—podendo, todavia, ser todos cristãos e decididos a ser bíblicos. Como vimos, há diferentes abordagens bíblicas à pregação (homilética) ou interpretação bíblica (hermenêutica), embora cada uma procure ser fiel à Palavra de Deus.

O mesmo se aplica ao aconselhamento. Em vista das diferenças, podemos aprender uns com os outros, reconhecendo que os seres humanos jamais terão uma teoria perfeita de aconselhamento até que cheguemos ao céu. E então o aconselhamento não será mais necessário.

Enquanto permanecermos na terra, porém, se quisermos levar a Bíblia a sério em nosso aconselhamento, não podemos ignorar a Grande Comissão. Embora possamos usar métodos diferentes ou aprender de diferentes professores, os ajudadores do povo cristão sabem que a ordem para ir ao mundo e fazer discípulos é um preceito importante do ensino do Novo Testamento. Tão importante, de fato, é o conceito do discipulado nas Escrituras, que podemos pensar no aconselhamento cristão como *aconselhamento de discipulado*.²

O aconselhamento de discipulado ("aconselhamento do servo" poderia ser um termo igualmente acurado) é uma abordagem ampla e geral na ajuda a outros que busca construir sobre os ensinamentos da Bíblia. É uma visão de ajuda que reconhece a centralidade da Grande Comissão e tem o discipulado de outros como alvo básico. Ela supõe que o Deus que fala por meio da Bíblia também revelou a verdade sobre seu universo mediante a ciência, incluindo a psicologia. Desse modo, os métodos e as técnicas psicológicas são tomados seriamente, mas devem ser testados não só científica e pragmaticamente, mas também, e principalmente, em comparação com a Palavra escrita de Deus.

A abordagem do discipulado usa vários métodos de ajuda. Esses métodos dependem, em parte, das necessidades, personalidade e problemas do aconselhado. Os alvos dos ajudadores também dependem, em parte, das necessidades e desejos dos que buscam nossa ajuda. Em geral, porém, os ajudadores buscam auxiliar os indivíduos e famílias a:

- funcionar mais eficazmente em sua vida diária;
- livrar-se dos conflitos espirituais, psicológicos e interpessoais;
- estar em paz consigo mesmos e desfrutar de uma comunhão crescente com Deus;
- desenvolver e manter relacionamentos interpessoais harmoniosos;
- aprender e usar habilidades eficazes para a vida; e
- envolver-se ativamente em tornar-se discípulos de discipuladores para Jesus Cristo.

Podemos pensar sobre os ajudadores cristãos como tendo três funções básicas: *profética*, que envolve conhecer e compartilhar a Palavra escrita de Deus como encontrada na Bíblia; *libertadora*, que busca libertar as pessoas dos problemas ou conflitos espirituais, pessoais e interpessoais; e *capacitadora*, que tenta ensinar, capacitar e equipar as pessoas para ter uma vida mais satisfatória, equilibrada e que glorifique a Cristo.

A abordagem do discipulado pode ser expressa em termos de seis princípios de ajuda. Quatro deles são apresentados neste capítulo; os outros estão no capítulo 3.

Primeiro princípio: O ajudador

Em qualquer relacionamento de ajuda, a personalidade, os valores, as atitudes e as crenças do ajudador são de crucial importância. Ao escrever aos cristãos da Galácia, Paulo os instruiu a "restaurarem" (levar a um estado de integridade) qualquer indivíduo que estivesse tendo dificuldades (Gl 6.1). Ao que tudo indica, alguns gálatas estavam voltando ao pecado, e, em conseqüência, vinham enfrentando problemas. Esses homens e mulheres preocupavam o apóstolo, mas note quem deveria ajudá-los: "Vós, que sois espirituais".

No capítulo 5 de Gálatas lemos a lista bem conhecida das qualidades que caracterizam os cristãos espirituais: amor, alegria, paz, longanimidade, benignidade, bondade, fidelidade, mansidão, domínio próprio (Gl 5.22, 23). Os indivíduos espirituais se esforçam para conformar seus valores aos ensinos de Jesus, são guiados pelo Espírito de Deus, e não são egocêntricos, presunçosos, provocantes ou invejosos (Gl 5.25, 26). Em vez disso, o ajudador cristão é amável, até com alguém que tenha sido apanhado em pecado (Gl 6.1). É claro que há ocasiões em que temos de ser firmes ao falar com outros, mas mesmo assim devemos procurar ser compassivos e respeitosos.

Os ajudadores cristãos têm conhecimento das tentações que assolam os que trabalham intimamente com outros, e tomam cuidado para evitar que qualquer de seus relacionamentos se torne pecaminoso (Gl 6.1). O ajudador está disposto a colaborar, carregando o fardo de outros de maneira amorosa e compassiva, mesmo quando isso possa ser penoso e inconveniente (v. 2). Os ajudadores bíblicos são humildes (v. 3), reconhecendo que sua força e sabedoria vêm do Senhor, não havendo, portanto, lugar para atitude de superioridade, do tipo "Eu sou melhor do que você". Os ajudadores, além disso, examinam a si mesmos —são inclinados a avaliar a si mesmos de maneira realista e evitar comparações com outros (v. 4). Os ajudadores estão prontos tanto a dar como a receber de outros e reconhecem que cada pessoa deve ser responsável por seu próprio comportamento (v. 5-8). O ajudador bíblico tem percepção de Deus e das influências espirituais no comportamento humano (v. 7, 8), e tenta ser paciente (v. 9), mesmo quando a tarefa de ajuda é longa e árdua. O ajudador reconhece a responsabilidade de fazer o bem a todos, mas "principalmente aos da família da fé" (v. 10).

Poderíamos acrescentar a essa longa lista que os melhores ajudadores cristãos estão interessados nas pessoas, verdadeiramente prontos a ajudar, inclinados a mostrar respeito, capazes de guardar confidências e dispostos a aprender. Os ajudadores podem ser de qualquer faixa etária, mas os mais eficazes são aqueles que tiveram algumas experiências pessoais ao tratar com os estresses da vida. Os bons ajudadores são também psicologicamente estáveis e não tentam lidar com seus problemas ao aconselhar outros. (Os indivíduos instáveis quase nunca têm sucesso como ajudadores—pelo menos até que sejam capazes de lidar com as próprias inseguranças.)

Isso deixa você sobrecarregado? Os padrões para um bom ajudador são altos, mas acessíveis. Esses padrões devem caracterizar todos os cristãos que estão andando em um relacionamento diário com Jesus Cristo. Não se segue, é claro, que todo cristão dedicado seja automaticamente um bom ajudador. Algumas habilidades básicas estão envolvidas na ajuda eficaz e precisam ser aprendidas. Mas o indivíduo que busca um relacionamento íntimo com Jesus Cristo desenvolve características que poderiam ser resumidas em uma palavra: *amor*. Como vimos, o amor é crucialmente importante na ajuda às pessoas.

Muitas dessas conclusões correspondem à pesquisa psicológica que mostrou como os traços pessoais do ajudando podem ser tão importantes para o bom aconselhamento quanto os métodos usados.[3] Certas evidências sugerem que os ajudadores eficazes têm sucesso não só por causa de sua orientação ou técnicas teóricas, como também por causa de sua empatia, cordialidade e autenticidade.

Empatia tem origem numa palavra alemã que significa "sentir dentro de" ou "sentir com". A maioria de nós teve a experiência de sentar-se no banco do passageiro de um carro e, de repente, firmar o pé no chão quando sente que o motorista precisa apertar o breque. Nessas ocasiões estamos sentindo "dentro da situação" ou sentindo com o motorista. Para usar uma linguagem mais técnica, estamos "empatizando" com a pessoa que se senta no lugar do motorista.

No aconselhamento e em outras formas de ajuda, o ajudador mostra empatia quando tenta ver e compreender um problema da perspectiva da outra pessoa. "Por que o indivíduo à minha frente está tão perturbado?", podemos nos perguntar. "Como ele vê a situação? Se eu estivesse lutando com esse problema, como me sentiria?" Como ajudadores, tentamos manter intactos nossos pontos de vista objetivos intactos, mas sabemos também que é útil tentar ver o problema do ponto de vista do aconselhado. Se tivermos possibilidade de comunicar isso, ele se sentirá mais compreendido e perceberá que o ajudador está realmente tentando compreender. Essa sensibilidade mútua cria um máximo de comunhão entre conselheiro e aconselhado. A boa harmonia, por sua vez, é base para a ajuda eficaz.

A *cordialidade* é similar ao cuidado. É amizade e consideração mostradas pela expressão facial, tom de voz, gestos, postura, contato visual e comportamento não-verbal que comunica interesse. A cordialidade diz: "Preocupo-me com você e com seu bem-estar". Nesse ponto, como em grande parte do comportamento humano, os atos falam mais alto que as palavras. O ajudador realmente interessado pelas pessoas não terá de fazer propaganda disso. Todos poderão perceber por sua atitude.

Autenticidade significa que as palavras do ajudador correspondem às suas ações. O ajudador tenta ser honesto com o aconselhado, evitando quaisquer declarações ou comportamento que possam ser considerados falsos ou insinceros. Alguém sugeriu que a pessoa verdadeiramente autêntica possui valores e atitudes consistentes, é espontânea, ciente de seus sentimentos, não é impulsiva ou desrespeitosa e não se inclina a ficar na defensiva. As pessoas autênticas estão dispostas a compartilhar de si mesmas e permitir que outros conheçam seus sentimentos.

Jesus mostrou empatia, cordialidade e autenticidade, e o ajudador cristão bem-sucedido deve fazer o mesmo. É possível, porém, exagerar em cada uma dessas coisas. Podemos mostrar tamanha *empatia* que perdemos a objetividade; tanta *cordialidade*, que o aconselhado se sinta sufocar com nossa preocupação; e tamanha *autenticidade* que perdemos de vista as necessidades e os problemas da outra pessoa. O ajudador, portanto, deve examinar freqüentemente seus motivos para ajudar. Desde que é difícil avaliar-nos honestamente, um bom amigo pode muitas vezes ser útil para fornecer uma perspectiva mais objetiva. É provável que algumas necessidades nossas estejam sendo satisfeitas quando entramos em relacionamentos de ajuda; o mais importante, porém, é criar um clima de cordialidade e cuidado em que outros são ajudados em seus problemas e conflitos.

Segundo princípio: O ajudado

As atitudes, motivação, expectativas e desejos de ajuda da pessoa a ser ajudada são também importantes. Em algum momento, a maioria dos conselheiros teve a experiência negativa de tentar trabalhar com alguém obstinado, que não quer colaborar, ou não está interessado em fazer mudanças. Trabalhar com um adolescente rebelde que nos enviaram para ser "endireitado", ou aconselhar um indivíduo deprimido que acredita que "nunca vai melhorar— e então por que tentar?" é trabalhar com alguém cuja atitude precisa mudar antes que a verdadeira ajuda possa ocorrer. Quando o aconselhado tem expectativas irreais, não quer ajuda, deixa de ver a existência de um problema, não deseja mudar, ou não tem fé no ajudador ou no processo de ajuda, o trabalho do ajudador não terá provavelmente muito sucesso—pelo menos até que as percepções ou atitudes da pessoa mudem.

Deus nos criou com livre-arbítrio, e é tão difícil ajudar alguém relutante a crescer psicologicamente quanto ajudar um incrédulo desinteressado a crescer espiritualmente. Na ajuda às pessoas, como na formação de discípulos, tal resistência deve ser reconhecida, e o indivíduo deve ser ajudado a ver o valor de submeter-se a mudanças.

O aconselhamento e formas similares de ajuda são meios de ajudar outros a mudar e a crescer, mas o crescimento é mais fácil quando o ajudador e o ajudado trabalham juntos. Em um certo sentido, o aconselhado é o mais bem informado indivíduo do mundo quando se trata do problema em foco. Ele sabe como problemas similares foram tratados no passado e o que foi tentado e descoberto que *não* funcionava. Ajudador e ajudado devem usar essa informação juntos.

É claro que não se deve supor que a pessoa que precisa de ajuda está sempre resistindo de maneira obstinada. Algumas vezes as pessoas têm medo. Pode ser difícil para alguém falar sobre fracassos ou problemas, e outras vezes o indivíduo nem sabe o que está errado. Contar a outrem sua vida pessoal pode ser arriscado, pois isso poderá acarretar críticas ou rejeição. Algumas vezes as pessoas não sabem o que esperar se falarem sobre um problema e podem temer que o ajudador "veja através de mim" ou "tente fazer psicanálise comigo". Há também a atitude de frustração ou autocondenação que alguns sentem por não terem conseguido resolver seus problemas sozinhos. Tudo isso pode interferir no processo de ajuda. A tarefa do ajudador, portanto, é prover uma atmosfera em que o ajudado sinta liberdade para "abrir-se".

Com a finalidade de obter melhores resultados, o indivíduo deve querer realmente mudar, deve esperar que as coisas vão melhorar com a assistência do ajudador e deve mostrar disposição para colaborar mesmo que o processo seja penoso. Em outras palavras, é importante que o aconselhado tenha uma atitude de esperança, de modo que acredite que o aconselhamento trará genuína mudança.

Há alguns anos, um pesquisador estudou várias terapias à procura de aspectos que pudessem ser comuns a todas.[4] Ele concluiu que todas elas oferecem pelo menos três benefícios: uma nova perspectiva sobre si mesmo e o mundo, um relacionamento empático e confiável com um conselheiro interessado, e esperança para as pessoas desmoralizadas. Muitos dos indivíduos que buscamos ajudar são ansiosos, desanimados, frustrados e sobrecarregados. Eles precisam crer que as coisas podem e vão melhorar. Os grupos pequenos quase sempre oferecem esse sentimento de esperança, assim como os relacionamentos com um ajudador atencioso.

Jesus enfatizou o valor da esperança e da fé em seu ministério de ajuda. Elogiou a mulher com hemorragia por uma fé que restaurou sua saúde (Mc 5.34), curou dois cegos por causa da fé deles (Mt 9.28) e curou um menino epiléptico cujo pai creu nos poderes do Mestre (Mc 9.23-27). Em contraste, quando Jesus estava em sua cidade, poucas pessoas foram ajudadas por não crerem no poder de Jesus para curar (Mt 13.58). Talvez se pudesse argumentar que uma fé como a descrita nas Escrituras é diferente da esperança e expectativa, mas elas são ligadas pelo escritor aos Hebreus (Hb 11.1). Termos como *fé, esperança, expectativa e crença* podem ser usados quase intercambiavelmente por transmitirem a idéia de que quando um aconselhado deseja melhorar e espera melhoras, geralmente vem a melhorar—certas vezes apesar do ajudador e de suas técnicas.

Terceiro princípio: O relacionamento

A relação de ajuda entre o conselheiro e o aconselhado é de máxima importância. Como todo aluno de aconselhamento logo aprende, a boa comunicação é essencial para uma ajuda eficaz—tão essencial que podemos pensar no aconselhamento como um *relacionamento* de ajuda entre duas ou mais pessoas. Certas pesquisas defendem que o prognóstico mais essencial sobre o sucesso do aconselhamento é a relação entre ajudador e ajudado. Quanto melhor o relacionamento, tanto mais provável os resultados serem positivos. Irvin D. Yalom escreve: "A melhor evidência da pesquisa apóia a conclusão de que a terapia bemsucedida é mediada por um relacionamento entre o terapeuta e o paciente, caracterizado por confiança, cordialidade, compreensão empática e aceitação".[9]

Os relacionamentos de ajuda diferem tanto em natureza quanto em profundidade. Algumas vezes envolvem enviar ajuda na forma de dinheiro ou de uma nota de encorajamento, mas o auxílio mais direto inclui um relacionamento mais íntimo (geralmente face a face) em que os participantes trabalham juntos num problema ou problemas. Quando duas pessoas se encontram, elas não deixam na porta personalidades, valores, atitudes, inseguranças, necessidades, sentimentos, percepções e habilidades. Tudo isso acompanha o relacionamento e, em vista de as pessoas serem diferentes, cada encontro de ajuda é único.

Os fundamentos da arte de ajudar 43

Veja, por exemplo, como Jesus se relacionava com as pessoas. Ele não tinha o mesmo tipo de relacionamento com todas elas. A comunicação com Nicodemos foi intelectual; com os fariseus, de confronto; com Maria e Marta, mais à vontade; e com as criancinhas, cordial e amorosa. Ele reconheceu as diferenças individuais de personalidade, necessidades e nível de compreensão, e tratou as pessoas conforme tais diferenças. Quando os conselheiros tentam tratar da mesma forma todos a quem ajudam, deixam de construir boa comunicação por cometerem o erro de pensar que todas as pessoas são iguais. Nem todas as pessoas são iguais, e isso deve ser reconhecido tanto nos relacionamentos que estabelecemos como nos métodos que usamos.

Jesus não só tratou com as pessoas de maneiras diferentes, como também se relacionou com os indivíduos em diferentes níveis de profundidade ou intimidade. João era aparentemente o mais íntimo. Era o discípulo a quem Jesus amava, e talvez o amigo mais próximo dele. Pedro, Tiago e João parecem ter pertencido a um círculo com quem Jesus tinha um relacionamento especial. Os outros discípulos, embora não fossem tão próximos quanto os três mais íntimos, eram companheiros constantes de Cristo, um grupo de doze homens escolhidos para levar avante o trabalho depois da partida do Senhor. Em Lucas 10, lemos sobre um grupo de 72 que receberam treinamento especial. Depois da ressurreição, ele apareceu a um grupo maior, de quinhentas pessoas. Em outras ocasiões havia grande número de pessoas, algumas vezes chegando a milhares; sendo que muitos podem ter visto Jesus apenas uma vez, e somente à distância.

A maioria de nós tem esse tipo de relacionamento com outros. Alguns são próximos; outros mais afastados. Pense, por exemplo, nos diferentes graus de intimidade que um professor pode ter com os alunos. Na maior parte da minha carreira fui professor de tempo integral. Como seguidor de Jesus, sentia a obrigação urgente de fazer discípulos para o Mestre entre meus alunos e aconselhados, mas me aproximava dessas pessoas de modos diferentes, e era mais íntimo de umas que de outras.

Meu assistente era o mais próximo. Eu me encontrava com ele quase diariamente, pois trabalhava para mim meio-período, me ajudava em cursos e pesquisas, e estudava sob minha direção. Algumas vezes orávamos, compartilhávamos preocupações e almoçávamos juntos. Meu assistente ia freqüentemente à minha casa e observava como eu me distraía ou me relacionava com minha família. Outras vezes, via-me sob a pressão de tentar resolver algum problema ou cumprir algum prazo. Conversávamos às vezes sobre seus conflitos e problemas, mas eu era também franco sobre minhas preocupações pessoais e conflitos. Com o passar dos anos, mantive contato com muitos desses assistentes (eu tinha um auxiliar diferente a cada dois anos), embora agora os veja raramente, pois se mudaram e prosseguiram em suas carreiras. Por algum tempo, entretanto, interagiram de perto com um cristão mais velho, e ficaram sabendo como ensinar a outros algumas das coisas que aprenderam de mim.

Como professor, todavia, houve outros estudantes que eu encontrava freqüentemente, algumas vezes em pequenos grupos, mas o contato não era tão constante, e a discussão era mais superficial do que as conversas com meu assistente. Meu relacionamento com aqueles setenta ou oitenta alunos que se matriculavam em minhas classes a cada trimestre era mais distante. Ainda menos envolvido era meu contato com todo o corpo estudantil, alguns dos quais se encontravam casualmente comigo no *campus* ou me ouviam falar na capela, mas com quem não havia outros contatos. A seguir estão as pessoas que ouviam alguma palestra minha ou liam algo que escrevi (como este livro), mas não tinham qualquer contato pessoal.

Numa relação de ajuda, duas pessoas podem ser muito próximas, algumas vezes até com um compartilhar de emoções, preocupações e necessidades mútuas. Em outros casos, o relacionamento não é tão profundo. Talvez o aconselhado e o conselheiro se encontrem apenas uma vez, só falem sobre o primeiro, ou conversem sobre um problema relativamente simples. É até possível que o conselheiro ajude outros à distância—escrevendo carta, dando aula ou publicando artigo em revista. Certas vezes, ajudamos pessoas uma a uma, num ambiente formal; outras vezes, trabalhamos em grupo, ou conversamos na rua, ou perto de uma avenida movimentada; ou, talvez, possamos ajudar pessoas com quem nunca nos encontramos pessoalmente. Todo relacionamento ajudador-ajudado é em certo sentido único. Cada relacionamento depende da personalidade das pessoas envolvidas, da natureza dos problemas considerados, da profundidade da discussão e da proximidade psicológica do conselheiro com a pessoa aconselhada. Como veremos logo, a ajuda deve envolver mais que um relacionamento. Deve ter início com o relacionamento. No geral, quanto melhor o relacionamento, tanto mais eficaz a ajuda.

Quarto princípio: Sentimentos, pensamentos e ações

A ajuda deve concentrar-se nas emoções, pensamentos e comportamento do aconselhado—as três coisas. A ajuda bem-sucedida envolve mais que um relacionamento entre duas pessoas sensíveis. A ajuda envolve habilidades e técnicas que os bons conselheiros e outros aprendem, praticam e constantemente aperfeiçoam. Naturalmente, é verdade que algumas pessoas parecem ter um "sentimento" inato para ajudar. Elas são aparentemente bem-sucedidas sem treinamento ou conhecimento de técnicas. Mas até essas pessoas podem ser mais eficazes quando aprendem a tomar conhecimento do que o aconselhado sente, o que está pensando e como seus atos podem estar criando ou influenciando o problema.

Quando examinamos as Escrituras, vemos que sentimentos, pensamentos e comportamento são todos de grande importância, ou talvez tenham igual importância.

Considere as *emoções*. O próprio Jesus chorou pelo menos em duas ocasiões e algumas vezes mostrou-se irado. Ele não negou os sentimentos, nem condenou alguém por experimentar e expressar suas emoções. Era claramente sensível aos sentimentos de outros, tais como os sofrimentos de sua mãe na crucificação, ou dos pais que levaram os filhos para vê-lo, mas foram repreendidos pelos discípulos superprotetores. É possível exagerar os sentimentos numa relação de aconselhamento, mas é também possível sufocá-los ou negá-los. Jesus não fez qualquer dessas coisas. Houve, entretanto, ocasiões em que ele deu mais ênfase ao *pensamento* racional. Tomé se inclinava a duvidar, mas Jesus tratou dessas questões de maneira racional. Ele não ignorou as preocupações intelectuais de Tomé, ou criticou-o por falta de fé. Em vez disso, quando o discípulo duvidou, Jesus apresentou a evidência. Depois da ressurreição, Tomé dissera, essencialmente: "Não crerei a não ser que veja com meus olhos e toque as mãos de Jesus com meus dedos". Quando se encontraram mais tarde, o Senhor disse a Tomé: "Põe aqui o teu dedo e vê as minhas mãos; chega também a tua mão e põe-na no meu lado; não sejas incrédulo, mas crente" (Jo 20.27). De modo similar, quando João Batista duvidou durante seus últimos dias na prisão (Mt 11.2-6), Jesus ofereceu os fatos racionais necessários. Em várias ocasiões, ele travou debates intelectuais com os líderes religiosos de sua época. O exemplo provavelmente mais conhecido foi sua discussão de teologia e apologética com Nicodemos num debate que pode ter-se estendido noite a dentro.

Jesus, porém, se interessava muito pelo *comportamento*. Ele disse à mulher apanhada em adultério que mudasse seu comportamento e não pecasse mais. Instruiu Marta para que mudasse seu estilo de vida agitado. Advertiu o jovem rico para ser menos egoísta. E disse a dois irmãos que brigavam para deixarem de ser tão egoístas. Falando com os judeus, declarou que "Se alguém quiser fazer a vontade dele, conhecerá a respeito da doutrina, se ela é de Deus" (Jo 7.17). Jesus sabia que o discernimento nem sempre vem antes da ação; quase sempre temos de primeiro mudar o comportamento, obedecer e agir. Depois disso recebemos discernimento. Em seus sermões e discussões com indivíduos, o Senhor confrontou repetidamente as pessoas com o comportamento pecaminoso e egocêntrico delas, e instruiu-as a mudar.

Essa ênfase sobre as emoções, pensamentos e comportamento é vista no livro de Atos e em todas as epístolas do Novo Testamento. Os cristãos são amiúde considerados responsáveis por seus atos, mas nunca há indicação de ênfase exagerada sobre o comportamento com exclusão de sentimentos e pensamentos.

No final da carta aos filipenses, o apóstolo Paulo dá conselhos práticos para a vida diária, aplicáveis igualmente ao desenvolvimento da boa saúde mental. Ele trata primeiro das emoções: "Alegrai-vos sempre no Senhor; outra vez digo: alegrai-vos" (Fp 4.4). O apóstolo relembra que o Senhor está perto e que podemos apresentar nossos pedidos a Deus, "pela oração, e pela súplica, com ações de graças" (4.6). Com essa compreensão, não precisamos ficar ansiosos por coisa alguma e podemos experimentar "a paz de Deus que excede todo entendimento" (Fp 4.4-7). A seguir há uma ênfase sobre o pensamento: "Tudo o que é verdadeiro, tudo o que é respeitável, tudo o que é justo, tudo o que é puro, tudo o que é amável, tudo o que é de boa fama, se alguma virtude há e se algum louvor existe, seja isso o que ocupe o vosso pensamento" (Fp 4.8). Temos, por último, a ênfase sobre o comportamento. Devemos praticar o que aprendemos e vimos modelado em líderes espirituais como Paulo. Tudo isso deve ser feito "por meio daquele que nos fortalece" (Fp 4.9-13).

Sentimentos, pensamentos e comportamento são três coisas importantes nas Escrituras, e cada uma deve ser levada em consideração na ajuda às pessoas. Como mostrado no diagrama abaixo, cada uma está em contato com as outras. Quando temos problemas emocionais, por exemplo, nossos pensamentos e atos são afetados. Não podemos enfatizar uma parte enquanto

Diagrama 2.1
Pensamentos, sentimentos e ações

ignoramos as outras duas. Quase sempre, quando as pessoas precisam de ajuda, elas começam falando de seus sentimentos, tais como tristeza, desânimo, solidão ou ansiedade. Podemos muitas vezes ajudá-las a mudar seus sentimentos, ajudando-as a mudar seu modo de pensar e de se comportar.

Vimos até agora quatro princípios básicos de ajuda. Dissemos, porém, muito pouco sobre o que realmente fazemos quando alguém pede ajuda. Esse é o foco do próximo capítulo.

Notas

1. O livro, *The Christian Psychology of Paul Tournier* (Grand Rapids: Baker, 1973) está esgotado há anos.

2. Ao usar esse ermo, não estou propondo qualquer abordagem sistemática ou "nova" escola de aconselhamento. Sugeri o termo quando a primeira edição deste livro foi publicada em 1976. Autores subseqüentes usaram "aconselhamento de discipulado" de várias formas, mas continuo pensando nisso como um termo resumido geral para descrever o que os cristãos fazem ao ajudar. Nunca tentei formular uma teoria "Collins" de aconselhamento, nem tenho a inclinação ou quaisquer planos de fazê-lo no futuro.

3. Grande parte dessa pesquisa está resumida num excelente livro de Siang-Yang Tan, *Lay Counseling: Equipping Christians for a Helping Ministry* (Grand Rapids: Zondervan, 1990). A pesquisa clássica sobre características do conselheiro foi feita por R.R. Carkhuff e C.B.Truax. Isso atraiu inicialmente considerável atenção, mas o interesse desapareceu algum tempo depois. Veja C. B. Truax, "Therapist Empathy, Genuineness and Warmth, and Patient Therapeutic Outcome", *Journal of Consulting Psychology* 30 (1966): 395-401. Apesar da controvérsia que ainda cerca o trabalho de Carkhuff-Truax, decidi resumi-lo. Uma perspectiva mais contemporânea é discutida resumidamente por Catherine M. Flanagan em seu livro, *People and Change* (Hillsdale, N.J.: Lawrence Erlbaum, 1990).

4. H.H. Strupp, "Psychotherapy: Research, Practice and Publich Policy: How to Avoid Dead Ends", *American Psychologist* 41 (1986): 120-30.

5. Irvin D. Yalom, *The Theory and Practice of Group Psychotherapy*, 3. ed. (New York: Basic Books, 1985), 48-9. Yalom cita parte da pesquisa que apóia a natureza essencial do relacionamento de ajuda. Veja, por exemplo, S. Garfield e A. E. Bergin, eds., *Handbook of Psychotherapy and Behavior Change: An Empyrical Analysis*, segunda ed. (New York: Wiley, 1978). 233-329.

3

As técnicas de ajuda

Na Bolívia, em meio a algumas atividades missionárias, Henry Nouwen foi convidado a ir orar num cemitério com uma mulher que perdera seu filho, Walter, de 16 anos, no mês anterior. A mulher o esperava sentada num banco na praça do povoado de Cochabamba. Suas lágrimas correram livremente enquanto contava sua triste história. Walter subira num caminhão cheio de produtos agrícolas e de pessoas. Como sempre, os meninos menores estavam de pé no estribo; mas num certo ponto Walter perdeu o equilíbrio. Ele caiu entre as rodas e foi esmagado pelos pneus traseiros do caminhão. O jovenzinho morreu antes de chegar ao hospital.

Quando ficou ao lado da mãe sofredora, junto à sepultura do filho dela, Nouwen sentiu-se oprimido por sua incapacidade de fazer algo. "Não conseguia tirar os olhos do rosto da mulher, uma face delicada e profunda que havia conhecido muito sofrimento", escreveu ele mais tarde. "Ali, na frente do túmulo, tive um sentimento de impotência e um forte desejo de chamar Walter de volta à vida. "Por que não posso devolver Walter à mãe?"— perguntei-me. "Compreendi então que o meu ministério se acha mais na impotência do que no poder; só pude dar a ela as minhas lágrimas."

Por vezes, quando prestamos auxílio, sentimo-nos impotentes, e talvez vencidos pelas lágrimas. Quando deparamos com a tristeza profunda e a necessidade humana, é comum não saber o que fazer. Até mesmo o apóstolo Paulo deve ter-se sentido assim algumas vezes. Ele sentiu com freqüência suas fragilidades e imperfeições, mas sabia que Deus nos usa e fortalece quando estamos fracos. "E foi em fraqueza, temor e grande tremor que eu estive entre vós", escreveu Paulo a seus companheiros cristãos em Corinto (1Co 2.3, 4). "A minha palavra e a minha pregação não consistiram em linguagem persuasiva de sabedoria, mas em demonstração do Espírito e de poder" (2Co 12.10). Paulo nunca se utilizou de sua fraqueza como uma desculpa para não estudar ou para não estar preparado. Era um estudioso da Palavra de Deus. Tinha uma boa noção das idéias e da cultura em que vivia. Estava a par dos conflitos pessoais e era sensível às necessidades das pessoas em sua sociedade.

Assim como Paulo, todos os servos de Cristo sentem-se às vezes fracos e impotentes, mas reconhecemos que Cristo nos dá força e sabedoria quando mais precisamos. Sabemos, também, que ele espera que estudemos e aprendamos tudo o que for possível sobre o trabalho que estamos desempenhando. Isso nos leva ao próximo princípio para os cristãos ajudadores de pessoas.

Quinto princípio: Habilidades

A ajuda envolve uma variedade de habilidades que precisam ser aprendidas. Vários livros têm sido escritos para descrever as técnicas de aconselhamento. Algumas estimativas sugerem que existem mais de três mil métodos de aconselhamento atualmente, e as listas variam de autor para autor. A maioria dos conselheiros concorda, porém, que a fim de compreender e ajudar outro ser humano, o ajudador deve, pelo menos, fazer uso das seguintes habilidades básicas de ajuda.

Atendimento

Você pode imaginar como seria procurar aconselhamento sobrecarregado com algum problema, só para descobrir que o conselheiro lê a correspondência da manhã enquanto você fala? Provavelmente não iria voltar à consulta. Quem quer tratar de coisas pessoais com alguém que se distrai e não presta atenção?

Há alguns anos, Allen Ivey, psicólogo da Universidade de Massachusetts, criou um método bem-aceito para ensinar pessoas a aconselhar.² A abordagem apresentava doze passos, todos começando com algo chamado "comportamento de atendimento". Isso envolve concentrar a atenção ao aconselhado, encorajando-o a falar livremente e mostrando, com suas ações, que você está ouvindo e não sendo distraído por outras coisas. Segundo Ivey, o atendimento abrange pelo menos quatro comportamentos: Primeiro, *contato visual*. Enquanto fala e ouve, olhe para o aconselhado. Segundo, *linguagem corporal atenta*. A pessoa sabe que você está interessado se a olhar de frente, inclinar-se um pouco em sua cadeira, parecer relaxado e mostrar por sua expressão facial e acenos periódicos que está prestando atenção. Terceiro, *qualidades verbais*, como o tom de voz, a freqüência do som, o volume e a velocidade no falar são importantes. Depois, vem o que Ivey chama de *trilha verbal:* manter-se no tema apresentado pelo cliente e resistir à tentação de mudar de assunto ou de fazer perguntas irrelevantes. Você notará algumas vezes que o aconselhado muda de assunto especialmente quando não se sente à vontade. Sugestões amáveis ou breves comentários podem fazer a discussão voltar aos trilhos.

A meta em tudo isso é capacitar o aconselhado a sentir-se descontraído e inclinado a compartilhar. Lembre-se, você não pode conhecer a pessoa ou o problema se estiver falando a maior parte do tempo. Em vez disso, tente fazer declarações encorajadoras ("Isso faz sentido" ou "Entendo o que está querendo dizer"), uma resposta ocasional inquiridora ("Continue", "Conte mais" ou "E então?"), e uma repetição periódica do que o aconselhado disse, apenas para certificar-se de que entendeu.

Se perceber que está falando demais (muitos de nós fazem isso), pergunte a si mesmo a razão. Em geral falamos demasiado quando nos sentimos constrangidos ou não sabemos o que dizer. Encorajar o indivíduo a falar e prestar atenção podem ser pontos iniciais importantes na ajuda às pessoas. A seguir, enquanto a pessoa fala, nós ouvimos.

Ouvir

Jesus ouviu pacientemente (Lc 24.13, 14), mesmo que tivesse perfeito conhecimento da personalidade e dos problemas das pessoas com quem falava. Ao ouvir, Jesus talvez estivesse mostrando o valor terapêutico de se permitir que um indivíduo coloque suas dificuldades em palavras que possam ser compartilhadas com outrem (Tg 5.16).

Quando ouvimos, fica mais fácil compreender os outros e seus problemas. Mas ouvir faz ainda mais. Produz harmonia com o aconselhado, mostra que temos interesse e demonstra que estamos realmente dispostos a compartilhar os fardos uns dos outros (Gl 6.2; Tg 1.19). Em geral, o próprio ato de ouvir pode ser útil porque dá à outra pessoa oportunidade para conversar livremente sobre um problema e expressar em palavras o que está sentindo e pensando.

A tabela 3.1 (p. 54) apresenta algumas orientações gerais para tornar o fato de ouvir mais útil para outros.

Enquanto ouve, tente lembrar que os ajudadores eficientes não se preocupam só em ouvir palavras. Observamos as expressões faciais, lágrimas, mudanças de tom de voz, expressões de emoção, variações de postura e outros indícios que podem nos levar a compreender melhor. Queremos ouvir o que o aconselhado diz, mas também queremos aprender algo sobre seus sentimentos, pontos de vista, atitudes e expectativas.

Enquanto ouvimos e observamos, é útil fazer a nós mesmos algumas perguntas. Por exemplo: "O que estou ouvindo é o verdadeiro problema, ou há outro motivo?". Pergunte-se quais detalhes estão sendo excluídos da história contada. O que a pessoa está realmente dizendo com seu comportamento e com suas palavras? A meta não é desconfiar do aconselhado. Não queremos bisbilhotar, como Sherlock Holmes, para descobrir pistas que possam mostrar algo oculto. Mas, em geral, o que vemos e ouvimos pode ser uma expressão de algo mais profundo.

Todo pai sabe que o choro de um bebê significa: "Estou desconfortável", mas a tarefa dos pais é descobrir a razão do desconforto. As enfermeiras sabem que exigências constantes dos pacientes difíceis algumas vezes significam: "Estou descontrolado e não sei o que fazer", ou: "Estou com medo". Os ouvintes têm às vezes de procurar por trás do que vêem ou ouvem, para descobrir o que está realmente expresso.

Ouvir, portanto, não é uma atividade passiva que exercemos com indiferença enquanto nossa mente e atenção divagam. Os livros de aconselhamento quase sempre se referem ao ouvir *ativo*, porque escutar eficientemente requer concentração intensa e atenção cuidadosa.

A indisposição para exercer o trabalho de ouvir pode ser um grande obstáculo no ministério do ajudador. Isso se aplica ao evangelismo e ao discipulado, assim como ao aconselhamento. Se o ajudador estiver sempre falando, não vai compreender as necessidades da outra pessoa, seus conflitos e suas dúvidas. Se ele der conselhos e respostas depressa demais, provavelmente vai prejudicar suas tentativas de ser útil. O sábio rei Salomão escreveu certa vez que é insensato dar respostas antes de ouvir (Pv 18.13).

Certa vez, encontrei um conselheiro que não gostava de ouvir. Ele não queria ser "uma lata de lixo se enchendo dos detalhes, refugos e comportamentos pecaminosos da vida de outras pessoas". Posso compreender a preocupação de meu amigo. Há um lugar para a inocência e a pureza no ajudador (Mt 10.16; 1Co 14.20), e não é útil nem edificante aperfeiçoar-se em compreender os detalhes dos pecados alheios. Algumas vezes, portanto, você terá de dizer: "Acho que estou entendendo o quadro, você não precisa então repetir todos os detalhes da situação". Tenha cuidado, porém, para não fazer uma declaração como essa com muita rapidez. Isso poderia sufocar a discussão e impedir uma informação útil para a ajuda que você quer prestar. Por fim, o amigo que se queixou de ser uma lata de lixo deixou o aconselhamento. Quando parou de escutar, parou de ser útil.

Induzindo

Algumas vezes usamos técnicas que encorajam os aconselhados a falar. Talvez desejemos que compartilhem sentimen-

Tabela 3.1 Diretrizes para ouvir com eficácia

1. Prepare-se para ouvir	Você às vezes não recebe um aviso antecipado antes de a pessoa referir-se a um problema; mas, quando houver tempo para preparar-se, tente ficar pronto física e mentalmente. Sob o aspecto físico, reconheça que ouvir é difícil; assim, tente descansar bastante antes de atender ao aconselhado. Mantenha uma postura relaxada enquanto ouve, mas não seja casual demais (o pode causar fadiga ou entorpecimento, além de dar a impressão de que você não está levando a sério os problemas do aconselhado). Quanto ao aspecto mental, tente preparar-se lendo sobre o assunto que será discutido. Os ouvintes informados podem ser, geralmente, mais sensíveis e capazes de ouvir melhor.
2. Verifique suas atitudes quanto a ouvir	Lembre-se do seguinte: • Quando quer ouvir e reconhece a importância disso, você ouvirá com maior eficiência. • Ouvir é uma dos melhores modos de obter novas informações e idéias, mas é também um dos melhores meios de aprender sobre as pessoas. Quanto mais ouvimos, sem tirar conclusões rápidas demais, tanto mais clara a nossa compreensão. • Não é fácil concentrar-se; ouvir exige disciplina. • Ouvir é tão importante quanto falar. Um mal ouvinte provavelmente será também um mal interlocutor (Tg 1.19). • Até os silêncios são significativos — especialmente se evitarmos a tentação de quebrá-lo com conversa. As pessoas geralmente têm necessidade de tempo para pensar e o silêncio permite isso — embora possa deixar todos se sentirem pouco confortávies. • Quando aprendemos a ouvir outros, quase sempre podemos ouvir também melhor a Deus.
3. Tome cuidado com o conteúdo e a apresentação	O que o orador diz é importante, mas como ele comunica é também significativo. Procure evidência de lágrimas, tremor, mudança de postura, mudança no tom ou velocidade da voz, alterações no ritmo da respiração. Note quando essas coisas ocorrem. Esses sinais não-verbais freqüentemente indicam que a pessoa está falando um tópico especialmente importante ou sensível.
4. Certifique-se de suas emoções	Você pode sentir-se às vezes esmagado, irado, ameaçado, ou triste. Não deixe de escutar porque se sente desconfortável ou não gosta do que está ouvindo. Pergunte a si mesmo por que está reagindo desse modo. Seja paciente enquanto a outra pessoa fala.
5. Resista às distrações	Você pode ser distraido pelo que ouve, pelo que vê e por sua mente que divaga. Tente resistir a essas distrações. Pense na razão de estar se distraindo.

Tabela 3.1 Diretrizes para ouvir com eficácia (cont.)

6. Encoraje novas informações	Acenos de cabeça, dizer "sim, sim", uma paráfrase ocasional ou repetir algo que o aconselhado disse, um comentário curto do tipo "conte mais" — tudo isso pode encorajar a outra pessoa a continuar falando. Essas informações vão provavelmente continuar se sua atitude e suas expressões faciais mostrarem que está interessado.
7. Lembre-se: você pode pensar mais depressa do que a outra pessoa pode falar	Por causa disso, você pode refletir sobre o que está vendo e ouvindo, avaliar o que ouviu e perguntar a si mesmo o que o aconselhado está realmente tentando comunicar (ou o que está tentando esconder).
8. Faça poucas perguntas — especialmente no início	Tente evitar a pergunta "Por quê?". Em geral, isso distrai a pessoa, que terá de dar explicações ou justificar seu comportamento. O que, sucessivamente, desvia a atenção de questões mais prementes e mais emocionais.
9. Tente não interromper	
10. Evite pregar, repreender, dar conselhos ou argumentar.	
11. Preste atenção nos temas	Tópicos, frases ou nomes de pessoas surgem repentinamente? Essas repetições podem ser pistas de assuntos importantes.
12. Não se deixe levar por sua curiosidade	Seu propósito em ouvir é compreender e ajudar a outra pessoa, e não satisfazer sua curiosidade, desejos ou necessidades pessoais.

tos, digam o que estão pensando, ou descrevam o que foi ou não foi feito sobre o problema, no passado. Em certas ocasiões, entretanto, eles se fecham e parecem pouco à vontade, indispostos ou incapazes de falar. Poucas coisas serão talvez mais frustrantes, especialmente para o conselheiro que está começando, mas você pode tentar as abordagens seguintes para estimular a conversação. Elas também podem ser usadas para estimular o pensamento e os comentários dos aconselhados que não falam livremente, das quais poderão se beneficiar caso você os induza a observar as questões sob nova perspectiva.

- Faça uma pergunta ou um pedido que *não* possa ser respondido por uma única palavra, tal como um simples sim

ou não. Diga por exemplo: "O que você está pensando neste momento?". Ou: "Fale mais sobre seus pais". Ou ainda: "Dê-me um exemplo do que quer dizer quando afirma que não se entende bem com seu chefe".
- Faça, periodicamente, um resumo da situação como a vê e pergunte se sua percepção está correta. Caso negativo, peça ao aconselhado para corrigir seu resumo.
- Tente um comentário que possa induzir o aconselhamento. Trata-se de declarações destinadas a manter a conversa em andamento. "O que aconteceu depois disso?", você pode perguntar. "Para onde foi em seguida? O que acha que vai acontecer agora?"
- Use a técnica que os psicólogos chamam de *reflexão*. Ela inclui dizer palavras novas que o aconselhado parece estar expressando ou sentindo. Exemplos: "Isso deve ter feito você sentir-se muito bem!" "Parece que você está se sentindo culpado com o que fez." "Acho que o comentário dela deixou você realmente zangado."
- Reformule os pensamentos do aconselhado. Esse é outro tipo de reflexão, e pode incluir declarações como estas: "Será que você está me dizendo que não se sente muito seguro num encontro?" "O que disse significa que não sabe como conversar com seu adolescente?" "Tenho a impressão de que você está confuso com o que seu chefe disse."
- Apresente uma descrição do comportamento do aconselhado, como você o vê. Por vezes, essas são chamadas de *reações imediatas*, por darem a percepção do aconselhado quanto ao que está acontecendo imediatamente, nesse mesmo momento. Por exemplo, diga: "Você parece estar muito tenso agora, mas acho que na verdade sente-se ferido por dentro".

Depois de qualquer dessas respostas, deve ser dada oportunidade ao aconselhado para responder —mesmo que isso o leve a dizer que você não entendeu, completamente, a questão. Ao usar essas respostas indutivas, nosso alvo é encorajar os aconselhados a declarar seus sentimentos e pensamentos e avaliar honestamente o seu comportamento. Isso nos capacita a obter informação e corrigir nossas falhas de percepção. Mais importante, ajuda o indivíduo a ter uma perspectiva mais clara do seu problema. A pessoa pode ser então ajudada a obter novos discernimentos ou mudar de comportamento e modo de pensar. Jesus usou comentários sugestivos quando andou junto aos dois seguidores desanimados na estrada de Emaús. "O que vocês estão discutindo enquanto caminham?", perguntou ele. Quando os dois pararam, com o rosto abatido, Jesus deve ter notado o comportamento não-verbal. Cleopas, um dos dois, referiu-se então às "coisas" que haviam acontecido recentemente em Jerusalém. "Que coisas?", perguntou Jesus. Essas perguntas persuasivas excelentes que os levou a falar (Lc 24.17-19).

Apoio

Poucas parábolas bíblicas que Jesus contou são mais conhecidas do que a do bom samaritano (Lc 10.30-37). Quando foi encontrado ao lado da estrada, severamente ferido por ladrões, o homem precisou ser ajudado e levado a um lugar onde recebesse tratamento médico e fosse possível sua recuperação. Jesus disse aos seus ouvintes que "procedessem de igual modo".

Fazemos algo semelhante quando ajudamos as pessoas em períodos de crise ou danos psicológicos e espirituais. A palavra *apoio* não implica que o conselheiro carregue os aleijados psicológicos de modo que nunca aprendam a enfrentar ou lidar com seus problemas. Até mesmo o bom samaritano levou o homem ferido para a hospedaria, tomou providências para a sua recuperação e depois partiu. Não somos chamados para ser resgatadores cuja auto-estima pessoal dependa de nossas necessidades doentias de fazer com que outros dependam de nós.

Há ocasiões, porém, quando todos necessitamos de alguém em quem nos apoiar. Durante esses períodos de necessidade especial, um amigo ou conselheiro pode oferecer encorajamento, ajuda, orientação e, algumas vezes, assistência tangível. Quando dão apoio espiritual e psicológico, os ajudadores reconhecem que é difícil para qualquer um abrir-se, conversar sobre defeitos, admitir pensamentos e atos pecaminosos, ou reconhecer que um problema o derrotou. Falar francamente—em especial a outro cristão—é arriscar ser rejeitado, criticado, ou condenado ao ostracismo. Essa é a razão de as pessoas quase sempre guardarem para si suas faltas e pensamentos íntimos. Se contarmos a outros, eles poderiam pensar menos de nós ou até afastar-se de nós. O medo de críticas ou rejeição faz que muitos se mascarem para que não possam ser vistos como realmente são. Em vista disso, a pessoa por trás da máscara deixa de obter o apoio pessoal que poderia ser um bálsamo curativo.

A Bíblia nos diz para confessarmos nossas faltas, não só a Deus em oração, mas também aos outros (Tg 5.16). Ao ouvir tais confissões, nossa reação não deve ser de choque ou condenação, embora também não devamos aprovar o comportamento pecaminoso ou fingir que não é importante. O cristão carrega solidariamente os fardos do aconselhado (Rm 15.1; Gl 6.2). Às vezes, alegramo-nos com outros por alguma vitória; outras vezes, choramos juntos (Rm 12.15). Se há pecado, animamos o aconselhado a confessá-lo e ficamos por perto oferecendo consolo e ajuda enquanto ele trabalha para mudar suas atitudes e comportamento. Ao agir desse modo, estamos dando apoio emocional e espiritual para que o indivíduo possa alcançar maior maturidade e crescimento espiritual.

Influenciando

É possível o ajudador ouvir, fazer comentários sugestivos e apoiar o aconselhado, o qual, não obstante, não melhora. Isso se deve ao fato de o problema dele estar arraigado no comportamento, atitudes ou pensamentos que precisam ser mudados. Para que ocorra tal mudança, a pessoa com problemas deve enfrentar suas ações, e o ajudador deve guiá-lo nesse processo, usando várias técnicas de influência.

Em um de seus livros sobre aconselhamento, Jay Adams escreve que todos os conselheiros se apegam a uma visão comum. "Não importam as divergências em seus dogmas, todos os conselheiros—cristãos inclusive—concordam que o alvo do aconselhamento é *mudar* as pessoas. A mudança—no pensamento, no sentimento, no comportamento, na atitude, na sensibilidade, na percepção ou na compreensão do aconselhado—é a *meta* de todo aconselhamento".[3] Como influenciar as pessoas para que elas mudem? A tabela 3.2 relaciona várias "habilidades para influenciar" que os conselheiros poderiam usar com outros. Note que a lista começa com métodos pelos quais o ajudador não exerce muita influência sobre outros, e muda para técnicas, como o confronto, que são mais instrutivas.

É improvável que você vá usar todas essas técnicas com uma pessoa, e pode ser que algumas delas você não use, em absoluto. Certos indivíduos, por exemplo, são amáveis por natureza e não apreciam o confronto, mesmo quando ele possa ser necessário. Outros são mais como um de meus amigos conselheiros que é muito compassivo e sensível, mas cuja personalidade e maneiras são tais que ele pode confrontar de tal modo que ninguém se sente depreciado ou desrespeitado.

Todas essas técnicas podem influenciar outras pessoas a mudar. A mudança, porém, deve acontecer à medida que o Espírito Santo trabalha na vida do aconselhado e do conselheiro, e à medida que ele guia o relacionamento de ajuda em direção ao comportamento e atitudes que estejam de acordo com os ensinamentos da Palavra de Deus. Concordo que quaisquer que sejam os problemas da pessoa, "não pode haver mudança aprovada por Deus, e, a longo prazo, pelo aconselhado, até que uma mudança fundamental e positiva em relação a Deus tenha ocorrido... O conselheiro cristão deve ministrar a Palavra de Deus de um modo transformador de vida, a tal ponto que o próprio Deus mude o aconselhado—a partir do coração".[4]

Confrontando

O confronto tornou-se um tópico controverso na ajuda cristã. Seguindo as terapias centradas na pessoa (não diretivas), muitos conselheiros pastorais e outros ajudadores cristãos trabalham sob a suposição de que o confronto raramente é neces-

Tabela 3.2 Habilidades para influenciar

1. Refomular, parafrasear, resumir	O conselheiro reúne aqui o que foi dito e repete ou reformula isso usando palavras diferentes. O aconselhado consegue ver então o problema sob nova ótica.
2. Dando *feedback*	Algumas vezes, há necessidade de dados exatos sobre como o conselheiro ou outros vêem a pessoa que procurou ajuda. Tente ser específico, não julgar, informar. Lembre-se de que a maioria das pessoas só pode aceitar uma única informação desse tipo de cada vez; portanto, não o sobrecarregue. Dê ao aconselhado a oportunidade de responder. Por exemplo: "Maria, eu me pergunto se você notou que toda vez que começo a falar, você me interrompe. Suspeito que, como eu, outros se sintam frustrados quando não conseguem incluir uma palavra sequer na conversa".
3. Fazendo auto-revelações	Algumas vezes o conselheiro expressa seus pensamentos ou sentimentos ao aconselhado. Pode ser útil para este saber como você está se sentindo, mas tenha cuidado de não mudar o foco da ajuda para você mesmo, ou deixar implícito que suas atitudes, emoções ou opiniões são as únicas válidas ou corretas. É melhor começar sua auto-revelação usando declarações do tipo: "Da minha perspectiva...", "Imagino se...", "Parece-me que..." ou "Certa vez eu estava numa situação semelhante, quando..."
4. Fazendo sugestões, dando conselho, ou fornecendo informação	Algumas vezes outros precisam de orientação, informação ou habilidades que os ajudem a lidar mais eficazmente com os problemas. Será melhor ser respeitoso e amável ao dar conselhos, orientação, informação ou sugestões. Os ajudadores quase sempre dão conselhos sem ouvir primeiro. Há em geral uma tendência para dizer às pessoas o que devem fazer — especialmente quando não se tem certeza do que dizer. Por sua vez, quem recebe essa informação com freqüência resiste à idéia de ser ensinado como mudar, e o conselho é quase sempre ignorado. Tente, em vez disso, dar informação sob a forma de sugestões. Por exemplo: "Como você se sentiria sobre falar diretamente ao seu chefe a respeito da maneira como está sendo tratado?" Ou: "Tenho algumas sugestões que poderiam ajudá-lo a estudar mais eficazmente." Dê ao aconselhado a oportunidade de concordar, discordar, ou responder de outras maneiras.
5. Interpretando	É apresentada aqui uma maneira diferente e única de o aconselhado examinar alguma questão. Apresente suas interpretações sobre o que está acontecendo. É uma tentativa; você pode estar errado. Por exemplo: "João, notei que a maioria dos problemas que mencionou giram em torno de questões de autoridade. Fiquei pensando: será que todos esses problemas não mostrariam em você uma tendência a resistir a qualquer figura de autoridade?"

Tabela 3.2 Habilidades para Influenciar (cont.)

6. Estabelecendo conseqüências lógicas	Esse é um método pelo qual o conselheiro mostra o que provavelmente acontecerá se o aconselhado continuar em seu presente curso de ação. Mais uma vez, tente não usar essas declarações como armas para forçar a mudança. Palavras de manipulação quase sempre provocam resistência. Por exemplo, em vez de dizer: "Será melhor parar com isso ou você vai acabar na rua", é geralmente melhor dizer: "Como você é bastante esperto para saber, se continuar trabalhando demais, você poderá ter sucesso em sua carreira, mas perderá sua família." Essas afirmativas de conseqüências lógicas podem levar a discussões sobre como o aconselhado pode mudar.
7. Dando diretrizes e fazendo confrontos	Isso envolve dizer ao aconselhado o que ele deve fazer para mudar. No geral, inclui apontar as inconsistências, relacionamentos pecaminosos, ou outras atitudes e comportamentos que precisam ser mudados.

sário e que é, quase sempre, ineficaz. Outros argumentam que, para serem competentes e genuinamente cristãos, os conselheiros devem quase sempre confrontar as pessoas com seu fracasso em viver de acordo com a Palavra de Deus.

Jesus fez vários confrontos. Ele confrontou os fariseus com sua hipocrisia, os discípulos com sua falta de compreensão, Marta com seu excesso de trabalho, e o jovem rico com seus valores mal colocados. Ao que parece, realmente, o confronto foi um meio importante pelo qual Jesus lidou com outros. Foi uma técnica que passou a ser usada pela igreja primitiva, e foi vista mais claramente quando Paulo confrontou Pedro com sua covarde capitulação ante as exigências do grupo conhecido como judaizante (Gl 2.1-21).

Confronto envolve apontar o pecado na vida de outra pessoa, mas não se limita a isso. Podemos confrontar os aconselhados com seu comportamento inconsistente ("Você diz que ama sua esposa, mas é egoísta com ela." "Você diz que gosta de esportes, mas nunca os pratica.") Podemos confrontá-los com seu comportamento derrotista ("Você quer ter sucesso, mas coloca seus alvos tão altos que com certeza não vai alcançá-los.") Ou

com suas tendências de fugir do assunto ("Você diz que quer crescer espiritualmente, mas cada vez que o assunto surge, você muda de assunto.")
O confronto é tarefa difícil. Para maior eficácia na obtenção de mudança, é melhor fazê-lo de maneira branda e sem tom de crítica (Mt 7.1; Gl 6.1). O conselheiro deve ser suficientemente corajoso para arriscar a possibilidade de resistência ativa ou passiva do aconselhado que não quer enfrentar a realidade do seu pecado, fracasso ou inconsistência na vida. Lembre-se de que sua tarefa não é condenar, mas ajudar; não é provocar problemas, mas estimular a cura. Algumas vezes, a cura deve ser precedida de cirurgia dolorosa; mas, para que dê certo, isso não deve ser feito até que a confiança no "cirurgião" seja estabelecida.

Quando você perceber a necessidade do confronto, tente também dar apoio. O aconselhado irá sentir-se provavelmente ameaçado por ocasião do confronto, portanto, você deve dizer, por exemplo: "Susana, dou grande valor à nossa relação, mas, por causa disso, acho que preciso compartilhar algo difícil...".
Não deixe de dar ampla oportunidade para a pessoa confrontada responder, seja expressando sua reação ao confronto ou mudando de comportamento.

Ao ajudar, pense em si mesmo e em seu aconselhado como trabalhando juntos num problema, mais ou menos como uma equipe de iguais. Você não é um conselheiro-juiz dominando um aconselhado-vítima.

Ensinando

O aconselhamento e outras formas de ajuda a pessoas são tipos especializados de ensino. O indivíduo necessitado está aprendendo a agir, sentir e pensar de maneira diferente; o ajudador está desempenhando o papel de professor.

O ensino, é claro, pode ocorrer de várias maneiras. Pode envolver, instruir, dar conselhos, ou dizer à pessoa o que fazer. Muitas vezes, porém, essa orientação verbal causa pouco impacto. Ela é geralmente mais eficaz se os conselheiros mostrarem por seu comportamento e estilo de vida como viver ou pensar mais eficazmente; se elogiarem, encorajarem ou reforçarem quando o aconselhado mostrar melhoras; e trabalharem com o paciente quando toma decisões, age e avalia o que está fazendo para mudar. Às vezes, é útil fazer uma interpretação na qual uma pessoa pratica o novo comportamento na presença de outra que dá orientação e informação. Por exemplo, um jovem inseguro pode treinar formas de marcar um encontro, ou um vendedor nervoso pode praticar sua proposta de venda diante de seus colegas antes de apresentar a mesma ao cliente em perspectiva. Todas essas técnicas descrevem o que o conselheiro-ajudador pode fazer, mas igualmente importante é a questão de metas. Qual a finalidade da ajuda, o que ela pretende conseguir? Isso nos leva ao princípio seguinte.

Sexto princípio: Fazer discípulos

O objetivo final da ajuda é fazer das pessoas a quem ajudamos discípulos e discipuladores. Essa declaração pode não ser plenamente compreendida, e talvez seja muito criticada. Ela parece implicar que a ajuda está preocupada apenas com coisas espirituais, ou que o alvo mais importante é fazer convertidos, em vez de ajudar as pessoas em suas necessidades e problemas.

A ajuda pode ter uma variedade de alvos, dependendo do problema e do indivíduo ajudado. O ajudador pode, por exemplo:

1. procurar mudar o comportamento, atitudes ou valores do aconselhado;
2. ensinar habilidades sociais;
3. encorajar a expressão de emoções;
4. dar encorajamento e apoio;
5. confrontar o pecado, as inconsistências, e outras formas de comportamento prejudicial à própria pessoa;
6. incutir discernimento, guiar ao serem tomadas decisões;
7. ensinar responsabilidade;
8. prover formas financeiras ou outras formas de ajuda concreta;
9. estimular o crescimento espiritual;
10. resolver conflitos interpessoais; ou

11. ajudar o indivíduo a mobilizar seus recursos internos em épocas de crise.

Essa é uma lista impressionante, mas não é completa, provavelmente. Como concluirmos, então, que o fazer discípulos é a meta final da ajuda às pessoas? Pense por um momento no médico cristão. Como todo outro cristão, ele tem a responsabilidade de fazer discípulos, mas na sala de cirurgia o médico competente não apanha a Bíblia e começa a pregar. Da mesma forma que Jesus, o médico começa a cuidar das pessoas onde dói. Mediante o uso hábil de procedimentos médicos, ele demonstra amor cristão, compreendendo que o alívio do sofrimento dá honra a Cristo e é, quase sempre, um primeiro passo para o evangelismo (Pv 14.31; Mt 10.42). Ele não evita falar de assuntos espirituais, mas essa não é a parte principal do tratamento. Em algum ponto, ele espera que haja oportunidade para discutir temas espirituais e também médicos.

No processo de discipulado encontramos pelo menos cinco passos. Devemos fazer contato, testemunhar verbalmente com nossas palavras e não-verbalmente por meio de nossas ações, levar as pessoas ao ponto da conversão, ajudá-las a crescer como discípulos e ensiná-las a discipular outros. Isso tem várias implicações na ajuda às pessoas.

Primeiro, o conselheiro pode entrar numa vida em qualquer ponto desses cinco passos. Talvez tenha de lidar com um incrédulo que nunca ouviu o evangelho, ou aconselhar um crente maduro que tem crescido como discípulo e discipulador por muitos anos. Alguns conselheiros cristãos sugeriram que devemos restringir nossa ajuda aos cristãos, mas a Bíblia ensina outra coisa: "Por isso, enquanto tivermos oportunidade, façamos o bem a *todos*, mas principalmente aos da família da fé" (Gl 6.10; grifo do autor).

Segundo, pode haver ocasiões em que você orienta uma pessoa através dos cinco estágios, mas com mais freqüência estará com ela por um curto período, terá alguma influência sobre sua vida e depois irá embora enquanto outro toma o controle. Algumas vezes um indivíduo faz contato e até começa um aconselhamento, outra pessoa dá testemunho, outra ainda leva a pessoa a Cristo, e depois o discipulado é feito por outros. Deus usa muitas vezes diversos indivíduos para tocar vidas e dar a ajuda necessária. Isso é ilustrado em 1Coríntios 3.4-10, em que Paulo reconheceu que o discipulado pode envolver esforços mútuos de vários cristãos. Como ajudadores, queremos estar entre aqueles que são usados por Deus para tocar a vida de nossos aconselhados. Nosso alvo não é tomar posse de outros, a fim de dominarmos e fazermos tudo nós mesmos. Em lugar disso, procuramos fazer parte de um processo de fazer discípulos a longo prazo, interferindo nos pontos em que podemos causar o impacto mais necessário.

Relacionada de perto está uma terceira implicação. Como o discipulado em geral, a ajuda envolve todo o corpo de Cristo. Em Romanos 12, 1Coríntios 12 e em outros pontos das Escrituras, lemos que os cristãos existem num corpo para apoiar mutuamente, ajudar, carregar fardos uns dos outros e edificar. É possível que nos tenhamos fixado rápida e rigidamente demais na idéia de que o discipulado, aconselhamento e outras formas de ajuda sempre envolvem um relacionamento um a um. Em vez disso, a igreja deve ser uma comunidade de cura que apóia o trabalho dos ajudadores individuais e o crescimento dos aconselhados.

Quarto, reconhecer que assim como as questões espirituais são quase sempre esquecidas, há também ocasiões em que podem ser introduzidas depressa e abruptamente demais. Alguns aconselhados sentiram-se ameaçados por cristãos bem-intencionados mas imprudentes, que se apressaram em condenar o comportamento, apresentar o evangelho ou fazer minissermões sobre como ter uma vida melhor. Em vez disso, o ajudador deve ser sensível à liderança do Espírito Santo. Isso pode significar que as coisas espirituais não são mencionadas senão mais tarde no processo de ajuda e que, algumas vezes, não são absolutamente mencionadas. Uma abordagem discreta ao discipulado é geralmente a melhor maneira de começar.

Em último lugar, o aconselhamento de discipulado se ocupa da pessoa total. Cada ser humano é um indivíduo unificado. É raro que alguém tenha uma necessidade estritamente espiritual, uma anormalidade apenas psicológica, um conflito exclusivamente social, ou uma doença puramente física. Quando acontece algo errado com um aspecto da pessoa unificada, o indivíduo como um todo é afetado. A pessoa que promove curas pode especializar-se em medicina, psicoterapia ou aconselhamento espiritual, mas é preciso lembrar que não existe uma linha divisória fixa entre os aspectos espirituais, emocionais, volitivos, ou físicos do indivíduo. Um sintoma pode clamar pela cura, mas nessa ocasião o corpo inteiro está fora de equilíbrio. Não devemos tratar a parte espiritual e esquecer as necessidades psicológicas ou físicas do aconselhado; essas coisas andam juntas e o conselheiro que se esquece disso presta um desserviço ao paciente e ao Senhor.

Esses são, portanto, os seis princípios de aconselhamento de discipulado e ajuda às pessoas. Eles se ocupam da importância do conselheiro, das atitudes do paciente, do relacionamento de ajuda, da relevância dos sentimentos, pensamentos e atos, do uso de habilidades de ajuda e do alvo do discipulado. Voltamo-nos agora para o processo de ajuda. Com base nesse processo, poderemos mostrar como esses princípios e nossos atos de ajuda funcionam na prática.

Notas
1. Henry J. M. Nouwen, *Gracias! A Latin American Journal* (San Francisco: Harper & Row, 1983), 91.
2. Allen E. Ivey, *Intentional and Counseling*, 2. ed. (Monterey, Calif.: Brooks/Cole, 1988).
3. Jay Adams, *How to Help People Change* (Grand Rapids: Zondervan,1986), xi. Veja também Catherine M. Flanagan, *People and Change: An Introduction to Counseling and Stress Management* (Hillsdale, N. J.: Lawrence Earlbaum, 1990).
4. Adams, *How to Help*, 3,7.

4

Os procedimentos de um ajudador

A Bíblia menciona com freqüência a ajuda às pessoas, mas talvez nenhum exemplo seja tão claro quanto o auxílio dado por Jesus na estrada de Emaús (Lc 24.13-35). Alguns dias depois da ressurreição, duas pessoas estavam caminhando para um povoado a cerca de onze quilômetros de Jerusalém. Os viajantes estavam confusos com respeito a tudo o que havia acontecido, e conversavam sobre aqueles acontecimentos enquanto andavam.

Quando Jesus se aproximou e começou a andar ao lado deles, eles não o reconheceram nem compreenderam que ele estava usando uma variedade de técnicas de ajuda às pessoas para confortá-los em sua crise e período de desânimo. Note que o aconselhamento nessa situação não teve lugar num escritório; não houve um pedido de consulta, diploma na parede ou honorários. Jesus deu ajuda numa estrada poeirenta enquanto os três caminhavam juntos no fim da tarde.

No início, *Jesus se aproximou, pondo-se ao lado* dos dois indivíduos perplexos, e começou a viajar com eles. Houve aqui tentativa de relacionamento—mostra de interesse pelas necessidades deles e disposição para satisfazê-las onde se encontravam. Como Jesus, o conselheiro deve estar disposto hoje a ir aonde os pacientes se acham. Se você esperar passivamente que as pessoas se aproximem com seus problemas, sua eficácia para ajudar ficará provavelmente limitada.

Alguns dias depois que minha mãe morreu e havíamos voltado do funeral, os membros do meu grupo de estudo bíblico apareceram certa noite em nossa casa. Eles levaram comida, cartões e amor. Enquanto nos achávamos sentados em volta da mesa, fiquei surpreso com o consolo que senti, estando na presença daquelas pessoas que haviam "se aproximado" numa hora de aflição e sofrimento.

Ao juntar-se aos dois homens em sua viagem, *Jesus começou fazendo perguntas*. Geralmente pensamos nas perguntas como pertencendo a dois tipos: as que não exigem e as que exigem resposta. O primeiro, geralmente, produz uma resposta de uma ou duas palavras. "Você é casado?" — é um exemplo. As que exigem resposta provavelmente farão a pessoa falar. Jesus fez duas dessas perguntas. "O que estão discutindo enquanto andam?" — perguntou. Quando um deles se referiu às coisas que haviam acontecido, Jesus indagou: "Que coisas?".

Nesse ponto, eles começaram a falar e *Jesus ouviu*. Como já sabia o que os preocupava, Jesus nada aprendeu de novo e certamente não concordou com a interpretação deles sobre os acontecimentos recentes em Jerusalém. Mas deu-lhes oportunidade de expressar suas frustrações e demonstrou o amor que o levou a morrer pelos pecadores. Enquanto caminhavam, é possível que tenha feito algumas declarações importantes para ajudar a manter a conversa.

Depois de certo tempo, *Jesus confrontou* os dois viajantes com suas interpretações erradas e falhas em compreender as Escrituras. O confronto foi amável, mas firme, e deve ter dado início ao processo de estimular os dois a mudarem seu modo de pensar e seu comportamento. A seguir, *Jesus começou a ensinar*, explicando coisas da Bíblia que se referiam ao problema deles. Hoje, séculos mais tarde, os conselheiros ainda funcionam como professores, ajudando outros a ver seus erros e a aprender como poderiam pensar ou se comportar de modo diferente.

Quase no fim da jornada, *Jesus tornou-se mais íntimo* ao aceitar o convite para comer com os dois viajantes. Em qualquer situação de ajuda é importante correr o risco de aproximar-se dos que ajudamos emocional e psicologicamente. Mas precisamos ter cautela. Num capítulo posterior iremos considerar alguns problemas que podem surgir quando nos tornamos íntimos demais das pessoas que procuram nossa ajuda.

Você provavelmente lembra que a viagem para Emaús teve um final surpreendente. Foi algo que todo conselheiro gostaria que acontecesse em algum momento—especialmente quando o relacionamento de ajuda é difícil. Jesus desapareceu da vista deles. Ao fazer isso, ele não estava abandonando seus pacientes. Em vez disso, *Jesus os deixou por sua própria conta e os incentivou à ação*. Este é o alvo supremo da ajuda—levar outros a um ponto de independência em que não há mais necessidade de se apoiar no ajudador.

Note como os dois discípulos responderam depois de terem compreendido que seu conselheiro havia sido Jesus. Antes de correr de volta a Jerusalém, "disseram um ao outro: Porventura não nos ardia o coração, quando ele, pelo caminho, nos falava, quando nos expunha as Escrituras?" (Lc 24.32). Eles não o tinham reconhecido, mas Jesus causara um poderoso impacto, especialmente mediante o uso das Escrituras.

Isso tem relevância para os conselheiros de hoje. Jesus voltou naturalmente para o céu, mas seu Espírito Santo está presente na vida dos cristãos que permanecem aqui na terra. Quando nos entregamos ao seu controle, o Espírito Santo guia nossa ajuda às pessoas, mesmo que não estejamos conscientes de Sua presença. Algumas vezes, quando prestamos auxílio de acordo com as Escrituras, sentimos o poder de Deus "ardendo em nós". O criador do universo não nos deixa sozinhos em nossa missão de ajuda cristã às pessoas.

Sempre que prestava ajuda, Jesus fazia uso de uma variedade de métodos; o que fez na estrada de Emaús não é o único meio de ajudar. Com Nicodemos, por exemplo, ele sentou-se e teve uma discussão racional sobre teologia, tarde da noite. Ele encorajou e apoiou a mulher tímida com hemorragia, confrontou a mulher junto ao poço com sua imoralidade, ordenou à mulher apanhada em adultério a não pecar mais, criticou os orgulhosos fariseus de maneira muito direta, preparou os discípulos para o futuro ao enviá-los de dois em dois e serviu como modelo de vida cristã. Ao seguir seus passos, os conselheiros cristãos devem viver em íntima comunhão com Deus. Devemos passar regularmente tempo em oração e meditação nas Escrituras, rejeitar o pecado em nossa vida diária e confessar nossas transgressões quando falhamos. Ao trabalhar com outros, devemos encontrá-los onde estão, aceitá-los como indivíduos a serem amados, mesmo quando seu comportamento é pecaminoso e indigno de amor, buscar sempre ser modelos do que Deus quer que sejamos e usar técnicas de acordo com as Escrituras. Nosso desejo é produzir comportamentos, pensamentos e sentimentos que estejam em maior conformidade com a Palavra de Deus.

Neste ponto, é importante fazer uma advertência. Em cada uma das abordagens que descrevemos até agora, inclusive no aconselhamento feito por Jesus na estrada de Emaús, existe um longo período usado para ouvir e construir um relacionamento. Em seu entusiasmo e desejo de ser realmente úteis, os conselheiros iniciantes e outros ajudadores muitas vezes se sentem pressionados a apresentar respostas, ou a incentivar seus pacientes à ação. Com mais freqüência, há necessidade de um tempo para ouvir, compreender e investigar antes de começarmos a nos mover para as soluções. Isso nos leva ao processo de ajuda.

Processo de ajuda

A ajuda às pessoas pode ser muito difícil. Apesar de nossos melhores esforços, algumas vezes elas resistem à nossa ajuda ou se recusam a colaborar. Os problemas estão muitas vezes profundamente entrincheirados e são tão complexos que só o perito em aconselhamento sabe o que fazer. Alguns profissionais argumentam que a ajuda genuína e permanente é um processo demorado. Segundo esses terapeutas, é irreal pensar que os problemas possam ser resolvidos em alguns minutos, ou mesmo algumas horas, quando podem ter levado anos para se desenvolver.

É certo que muitos problemas são complexos e seria melhor deixá-los para os especialistas,[1] mas até esses admitem que muitos casos podem ser resolvidos se seguirmos uma fórmula sistemática. Em um de seus excelentes livros sobre habilidades de ajuda, por exemplo, Gerard Egan apresenta uma abordagem de "gerenciamento do problema" que consiste de três estágios. O primeiro estágio envolve identificar e esclarecer a situação do problema, o segundo envolve o estabelecimento de metas, e o terceiro orienta enquanto o aconselhado se movimenta para agir.[2] Ao escrever de uma perspectiva cristã, Carol Lesser Baldwin propõe uma abordagem similar, embora mais direcionada. Ela sugere que o primeiro nível de ajuda envolve aprender a ouvir, o segundo diz respeito a "falar a verdade", e o terceiro guia o aconselhado à ação.[3] Uma conselheira profissional, Catherine Flanagan, condensa grande volume de informação complexa sobre a ajuda às pessoas em dois estágios: identificar os problemas e planejar as mudanças.[4]

Grande parte do que fazemos ao ajudar outros dependerá do tipo de problema envolvido, das personalidades do ajudador e do ajudado e da natureza do seu relacionamento.

Como diretriz geral, porém, você talvez queira examinar seis passos na ajuda às pessoas.

Passo 1: *Construir harmonia* entre o ajudador e ajudado. É aqui que as características de empatia, cordialidade, autenticidade e cuidado do conselheiro são de especial importância (Jo 6.63; 16.7-13; 1Jo 4.6).

Passo 2: *Esclarecer as questões*, geralmente mediante o uso do processo de ouvir, orientar, apoiar e sondar gentilmente, com perguntas que exijam respostas. Esse é um processo que não deve ser apressado. Tente descobrir o que já foi feito no passado para resolver o problema. Fique alerta para os sentimentos do paciente, mas tente descobrir também o que ele pensa agora do problema e que comportamento pode estar contribuindo para tal problema. Tudo isso destaca a importância de explorar e compreender os problemas antes de buscar soluções (Rm 8.26; Tg 1.19).

Passo 3: *Explorando alternativas,* fazendo uma relação das várias ações possíveis a serem tentadas, e discutindo-as uma de cada vez. Isso às vezes envolve interação com o aconselhado, na qual os dois sugerem e avaliam possibilidades que podem ser tentadas (Jo 14.26; 1Co 2.13).

Passo 4: *Incentivando mudança* ao decidir o que precisa ser feito e depois agindo de acordo. Isso pode envolver confronto, ensino e o uso de habilidades para influenciar. Os aconselhados talvez tenham de concordar com a idéia de que irão mudar seus pensamentos e atos. Essa é no geral a melhor maneira de mudar sentimentos. Se várias alternativas parecerem exeqüíveis, o aconselhado deve escolher uma delas e começar a mover-se nessa direção. Em tudo isso, conselheiro e aconselhado cristãos devem buscar a orientação do Espírito Santo (Jo 16.13; At 10.19, 20; 16.16; Hb 10.24).

Passo 5: *Avaliando resultados* para determinar se o curso de ação está funcionando e se deve ser novamente tentado ou feito de modo diferente.

Passo 6: *Terminando o relacionamento* e encorajando os aconselhados a aplicarem o que aprenderam ao passar a viver por conta própria (Rm 8.14).

Para mim, é útil pensar nisso como formando um círculo. O primeiro passo nos coloca no círculo—e continua a ser importante à medida que seguimos as flechas. Algumas vezes tenho de continuar seguindo repetidamente essas flechas consistentes ao redor do círculo, antes de poder passar para o sexto passo. Mesmo assim, no futuro, podemos ter necessidade de entrar outra vez no círculo. Tudo isso é ilustrado no diagrama 4.1. Se o ajudador mantiver esse modelo em mente, ele pode dar direção às suas atividades de ajuda.

A fim de ilustrar como isso funciona, vamos usar o exemplo de como as pessoas tomam decisões. É claro que os problemas raramente são tão simples ou compreensíveis, mas o exemplo irá ajudá-lo a gravar os seis passos em mente.

Ajudando pessoas a tomar decisões

Qual você pensa que foi a decisão mais difícil tomada por Jesus? É possível que nem todos concordemos com a resposta a essa pergunta, mas certamente a escolha dos doze discípulos estava bem perto do alto da lista. Jesus planejou ensinar esses homens intensivamente e deixar com eles todo o trabalho de divulgar o evangelho e estabelecer a igreja. Ele deve ter certamente passado muitas horas em oração antes dessa escolha.

Tomar decisões não é fácil—especialmente quando são importantes e requerem mudança de vida. O sábio rei Salomão escreveu sobre a importância de buscar as recomendações de conselheiros antes de tomar uma decisão significativa (Pv 11.14; 15.22; 20.18). Às vezes é você quem busca o conselho de outro indivíduo ou grupo de conselheiros; mas, outras vezes, outra pessoa irá procurá-lo para orientação. O que você faz nesse caso?

Quando sou convidado a fazer palestras no exterior, gosto de que minha esposa me acompanhe, mas algumas vezes isso não é possível, quando viajo com um aluno ou outro conselheiro. Certa vez, numa viagem a Tóquio, um jovem estudante me

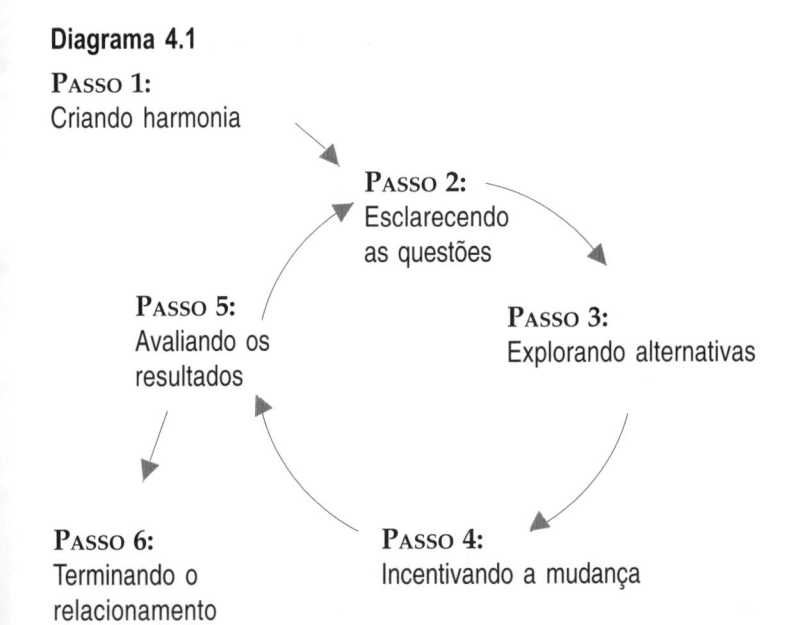

Diagrama 4.1

Passo 1: Criando harmonia

Passo 2: Esclarecendo as questões

Passo 3: Explorando alternativas

Passo 4: Incentivando a mudança

Passo 5: Avaliando os resultados

Passo 6: Terminando o relacionamento

acompanhou e mencionou no avião que estava decidindo se devia ou não casar-se com a namorada. Durante a viagem tivemos muito tempo para conversar, e fiquei observando enquanto meu amigo lutava com sua decisão.

Examine novamente o diagrama 4.1. Mesmo que você e seu paciente tenham um bom relacionamento—como meu aluno e eu—continue a trabalhar dando encorajamento e apoio. Esse é o *primeiro passo*. Lembre-se de que seu trabalho *não* é dizer o que deve ser feito ou tomar uma decisão pela outra pessoa—mesmo que esteja convencido do que ela deve fazer. Seu encargo, em vez disso, é guiar, encorajar, fazer sugestões ocasionais, e ficar com a pessoa até o fim do processo de tomada de decisão.

No *segundo passo* você pede à pessoa para esclarecer as questões. Qual a decisão a ser tomada? Há limites de tempo para isso? Meu amigo que estava lutando com um possível casamento não tinha limite de tempo—embora estivesse um tanto preocupado com a idéia de que sua noiva em potencial pudesse cansar-se de esperar. Ele corria o risco de ela se interessar por outra pessoa.

No começo de um processo de esclarecimento como esse, você precisa orar, pedindo a Deus orientação e pensamentos claros. Continue orando regularmente enquanto o processo de ajuda continua.

Em algum ponto você vai passar para o *terceiro passo* e começar a fazer uma lista de alternativas. Muitos acham que isso é melhor se feito por escrito. Quando estou tomando uma decisão importante, em geral faço uma relação das diferentes alternativas, algumas vezes em pedaços separados de papel. Depois incluo os pontos positivos e negativos para cada alternativa. Quase sempre guardo isso por vários dias ou semanas. À medida que mais informações se tornam disponíveis, minha lista de prós e contras tende a mudar e ficar mais clara. Certas vezes, relendo o que escrevi, fica claro o que deve ser feito.

Enquanto meu amigo e eu passeávamos por algumas ruas em Tóquio, ele falou sobre os aspectos positivos e os negativos de casar-se com a garota que estava namorando. "Diga-me", perguntei, "quais as vantagens de se casar com essa moça?".

Ele detalhou um pouco as boas qualidades dela e os benefícios do casamento. Depois de algum tempo paramos num café, onde peguei uma caneta e pedi que me desse uma lista das desvantagens do casamento. Não conseguiu pensar em nenhuma! De repente, tornou-se claro para nós que ele já tomara a decisão (eles tiveram um lindo casamento alguns meses mais tarde), mas precisava de outra pessoa para fazê-lo considerar todos os aspectos da questão.

A maioria das decisões não é assim tão fácil. Em geral, depois de fazer uma lista das alternativas e continuar orando, conselheiro e aconselhado se movem para o *quarto passo* de selecionar a opção que parece melhor. A seguir, o aconselhado começa a seguir nessa direção. Para fixar isso em sua mente, você pode pensar na tomada de decisão como um sistema CPA de entrega em que você **C**ompreende a situação da melhor forma possível, **P**laneja todas as alternativas, e, por último, **A**ge. Tendo decidido por um curso de ação, está na hora de fazer algo. E você faz.

E se a decisão tomada não for a certa?

Você deve ter provavelmente ouvido o velho ditado de que é mais fácil dirigir um veículo em movimento do que um que está parado e imóvel. Se envolvermos nossa decisão em oração, Deus quase sempre nos empurra em direções que talvez sejam diferentes do curso de ação que nós ou nosso aconselhado tomamos no início.

Mesmo que Deus não pareça guiar-nos e decidamos mais tarde que tomamos a direção errada, podemos avaliar onde erramos (esse é o *quinto passo*) e tentar novamente, movendo-nos em uma outra direção. Se isso não for possível, continuaremos caminhando, confiantes de que tomamos a decisão mais sábia que pudemos, em vista de toda a informação disponível no momento.

Sendo um mentor

Algumas vezes ajudamos pessoas de maneira menos direta: sendo um exemplo. Em geral, outros estão nos observando e nem sequer percebemos.

Ao escrever aos coríntios, Paulo fez uma declaração surpreendente: "Sede meus imitadores, como também eu sou de Cristo" (1Co 11.1). O apóstolo deve ter sabido o que alguns de nós desde então descobrimos: pessoas seguem pessoas. Os filhos tendem a imitar os pais (mesmo quando não gostam do que os pais fazem), os alunos imitam os professores, os cristãos mais jovens se tornam como os mais velhos, profissionais e homens e mulheres de negócio que estão começando sua carreira tentam ser como os que têm sucesso e estão mais estabelecidos. Esta é uma declaração que pode fazê-lo sentir-se pouco à vontade: *É provável que algum indivíduo ou grupo de indivíduos esteja observando você e tornando-se como você.*

O que é um mentor?

A palavra *mentor* voltou à popularidade na década de 1980, por causa de alguns pesquisadores da Universidade de Yale, que descreveram os mentores num livro popular sobre o desenvolvimento de adultos. Mais recentemente, Ted Engstrom, ex-presidente da World Vision, escreveu sobre o mentor, sob a perspectiva cristã. Segundo sua definição, o mentor é alguém, geralmente mais velho do que o "protegido", que "oferece exemplo, estreita supervisão em projetos especiais, ajuda individualizada em muitas áreas—disciplina, encorajamento, correção, confronto, e requer prestação de contas".[5]

Existem muitos exemplos bíblicos disso: Moisés ensinou Josué, Noemi ensinou Rute, Elias foi mentor de Eliseu, Isabel guiou Maria, Priscíla e Áqüila ensinaram Apolo, Barnabé ensinou Paulo, quem, por sua vez, ensinou Timóteo. Ao contrário de muitos de nós, Jesus teve um grupo de "protegidos": os discípulos. Ele os edificou, corrigiu, desafiou, empurrou, treinou e mostrou a eles como deveriam viver como seguidores de Cristo. Ele foi o mentor perfeito, verdadeiro exemplo de como mentorear outros.

Não se deve supor que todo processo de mentorear ocorre da mesma forma. Algumas vezes, por exemplo, há mais tutela ou orientação envolvida, enquanto em outros casos o mentor é mais um modelo a ser observado. Alguns mentores e seus protegidos se conhecem bem. Outras vezes, existem mentores que nem sequer conhecemos.[6] Não obstante, segundo Engstrom, cada cristão precisa de um mentor, de um protegido e de um amigo da mesma faixa etária. Quando a vida acabar, poderemos descobrir que a coisa mais importante que já fizemos foi ser um mentor, modelo, exemplo, amigo mais velho e encorajador de pessoas mais moças. Essa é uma parte significativa da ajuda às pessoas.

Mentores e ajudadores

Não há regras para se tornar um mentor, mas há algumas coisas que você pode fazer para começar.

Primeiro, pense nas pessoas que o ensinaram. Fiz isso recentemente, escrevendo os nomes dos indivíduos que mais influenciaram minha vida. Alguns eu conheci bem; outros foram mais como heróis distantes cujas vidas admirei e cujas ações tentei seguir — em geral inconscientemente, na ocasião. Quando você pensa nas pessoas que mais o influenciaram, é possível pensar em como você, por sua vez, pode influenciar melhor a outros.

A seguir, pense em pessoas específicas que podem estar observando você — talvez até mesmo hoje — e seguindo o seu exemplo. Seus protegidos podem ser seus filhos ou outros membros da família, pessoas de sua igreja, colegas de trabalho, ou, se você ensina, os seus alunos. Os livros de aconselhamento raramente sugerem que os conselheiros devem ser mentores, mas se você for um ajudador de pessoas, é provável que alguns que venham a ser ajudados o considerem um mentor.

Enquanto escrevia os parágrafos anteriores, fui interrompido por um telefonema de um ex-aluno que me contou sobre uma morte recente em sua família. Durante nossa conversa, ele mencionou que eu tinha sido para ele um mentor cujo exemplo procurava seguir. Essas palavras me fizeram refletir. Seus comentários foram uma lembrança oportuna de como outros olham para nós como exemplos—especialmente em ocasiões de sofrimento e conflitos.

Se você quiser ser um mentor melhor, tente seguir o exemplo de Paulo. Ele procurou imitar a Cristo (1Co 11.1). Os jovens cristãos que observavam Paulo devem ter tomado conhecimento de sua vida de oração, de estudo das Escrituras e de seu desejo constante de servir ao Senhor. Os bons mentores cristãos se esforçam para ser bons cristãos. Deus, com freqüência, toma o controle e faz o resto—guiando você para pessoas que possa mentorear e mostrando a outras que devem observá-lo.

Se quiser ser um mentor, peça a Deus que o guie a algum protegido—uma pessoa a quem possa encorajar e desafiar, sem sufocar e dominar. Os melhores mentores acreditam em seus protegidos, querem que tenham sucesso, alegram-se com eles quando se saem bem, não têm inveja de suas realizações, oram por eles constantemente, pedem que prestem contas em certas ocasiões e ficam à disposição deles—mesmo quando não for cômodo.

Em sua carta a Timóteo, Paulo dá uma boa descrição do mentor cristão: "Fortifica-te na graça que está em Cristo Jesus. E o que de minha parte ouviste através de muitas testemunhas, isso mesmo transmite a homens fiéis e também idôneos para instruir a outros" (2Tm 2.1-2).

Você pode ajudar sem ser um mentor. A maioria de nós faz muito isso. Mas o mentor é um tipo especial de ajudador de pessoas, presta um tipo de ajuda que é tão exigente quanto altamente compensador.

Onde começar?

Li há algum tempo sobre um eletricista chamado Richard que foi contratado para fazer um serviço num velho prédio que estava sendo reformado para servir de escritório. Richard falava o tempo todo, e, depois de algum tempo, alguém começou a chamá-lo de "boca motorizada". Ele dava opinião sobre tudo, mas também sorria sempre e era uma pessoa agradável, apesar de falar demais.

Certo dia, um ano após a reforma inicial ter terminado, os donos do prédio resolveram fazer mais algumas mudanças e perguntaram se Richard poderia fazer a fiação. Mas, "o boca motorizada", sempre rindo, sempre brincando, sempre falando, não estava mais disponível. Certa manhã, depois de uma briga, Richard fora para o quarto e voltara à cozinha onde sua mulher se achava junto à pia. Ele a tocou no ombro e ela voltou-se justamente a tempo de ver o marido puxar o gatilho da pistola apontada para a própria cabeça.

"Perguntei muitas vezes a ele como iam as coisas", escreveu Bob Benson mais tarde, "mas, acho que nunca fiz isso de modo a incentivá-lo a abrir-se comigo."

Benson sugeriu que uma vida assim é, para muitos de nós, como aqueles carros elétricos que se chocam nos parques de diversões. "Nós batemos uns nos outros e sorrimos, continuando em nosso caminho."

—Olá, boca motorizada. — *Bump, bump!*
—Como vai? — *Bump, bump!*
—Estou ótimo, fantástico. —*Bump, bump!*
—E alguém vai embora e morre por não ter ninguém com quem falar. *Bump, bump, bump!*

Norman Cousins, editor do *Saturday Review* por longo tempo, descreveu certa vez como muitos se sentem ao pensar sobre a necessidade humana que nos rodeia. Nossas caixas postais ficam cheias de apelos de gente necessitada. Os lares em nossa vizinhança escondem problemas incríveis que clamam por atenção, mas raramente são notados. Por trás de cada ser humano que pede socorro, Cousins escreveu, "pode haver um milhão ou mais igualmente dignos de atenção". Onde então começar? Como podemos ter certeza de que não vamos esquecer os "bocas-motorizadas" sofredores, que sorriem por fora, mas estão feridos por dentro? Como escolher onde ajudar?

Não se preocupe com essas perguntas. Norman Cousins sugere: "Estenda a mão e pegue quem estiver mais perto. Se não puder ajudar ou salvar outro, pelo menos terá salvado um".[8] Podemos sentir bastante frustração, e algumas vezes tensão interpessoal, se tivermos uma mentalidade de resgate que nos faça pensar que temos de ajudar todo mundo. A maioria de nós jamais mudará toda uma sociedade ou toda uma cultura, mas cada um de nós pode ter influência sobre a pessoa ou pessoas mais próximas.

É assim que quase sempre ajudamos: uma pessoa de cada vez—começando com a que estiver mais próxima.

Notas

1. Veja o capítulo 8 para uma discussão de como e quando transferir o caso para conselheiros mais experientes ou melhor treinados.
2. Gerard Egan, *The Skilled Helper: A Systematic Approach to Effective Helping*, quarta ed. (Monterey, Calif.: Brooks/Cole, 1994).
3. Carol Lesser Baldwin, *Friendship Counseling: Biblical Foundations for Helping Others* (Grand Rapids: Zondervan Pyrance Books, 1988).
4. Catherine M. Flanagan, *People and Change: An Introduction to Counseling and Stress Management* (Hillsdale, N.J.: Lawrence Erlbaum, 1990).
5. Ted W. Engstrom com Norman B. Rohrer, *The Fine Art of Mentoring: Passing On to Others What God Has Given to You* (Brentwood, Tenn.: Wolgemuth & Hyatt, 1989), 4.
6. The Search Institute (700 South Third Street, Suite 210, Minneapolis, MN 55415) estudou diferentes estilos de mentorear, especialmente em sua relação com o ensino de jovens. Veja, por exemplo, no exemplar de 1992 do Search Institute *Source*, um breve artigo intitulado "The Diversity of Mentoring".
7. Bob Benson e Michael W. Benson, *Disciplines for the Inner Life* (Waco, Tex.: Word, 1985), 312.
8. Norman Cousins, *Human Options: An Autobiographical Notebook* (New York: Norton, 1981), 35.

5

Ajudador: um paraprofissional

Se você tivesse um problema e precisasse de ajuda, a quem recorreria? Pense em alguém pelo nome. São boas as probabilidades de que procurasse um amigo, parente, ou outra pessoa próxima. Na maioria das comunidades não existem ajudadores profissionais em número suficiente para satisfazer as necessidades de todos, e mesmo que tal ajuda pudesse ser obtida, muitos a evitariam.

As razões para isso são várias. O ajudador profissional é caro, mas a ajuda de um amigo geralmente é de graça. O profissional é menos acessível por causa das suas horas de consulta e serviço de atendimento impessoal, mas o conselheiro amigo talvez more na casa ao lado ou esteja tão próximo quanto o telefone.

Para alguns, chamar um profissional de saúde mental pode sugerir um estigma que o não-profissional não possui. "Se tiver de ir a um psiquiatra", essas pessoas raciocinam (na maioria dos casos incorretamente), "devo estar realmente mal!".

É muito menos ameaçador conversar com um amigo num café ou discutir problemas com um vizinho. Muitos parecem temer os profissionais, considerando-os "leitores de mente" ou "psicanalistas"; mas raramente pensamos o mesmo dos ajudadores não-profissionais. Falar com um amigo pode incorrer em riscos, especialmente se nos sentirmos desconfortáveis ao compartilhar detalhes íntimos de nossa vida, mas abrir-se com um estranho que nunca vimos antes pode ser muito mais traumático. Quando trabalhava como psicólogo profissional, uma senhora veio certa vez ao meu consultório e anunciou que não dormira durante dois dias por estar preocupada com a nossa consulta. Tal ansiedade apresenta ao profissional um problema de criação de harmonia que o não-profissional quase nunca encontra.

Se for verdade que a maioria das pessoas necessitadas se volta primeiro para um amigo a fim de encontrar ajuda, então o aconselhamento desse tipo é de grande importância. Em muitas congregações, os leigos já estão fazendo uma boa parte do aconselhamento e ministrando outros tipos de cuidados nas igrejas e comunidades. Esses ajudadores (algumas vezes conhecidos por "conselheiros leigos" ou pelo termo mais técnico *paraprofissionais*)[1] em geral reconhecem suas limitações, mas, com um pouco de treinamento, trazem uma significativa contribuição para a vida das pessoas ao seu redor.

Em nossa discussão sobre o aconselhamento feito por amigos e outras formas de ajuda não-profissional, precisamos examinar várias questões importantes. Esse tipo de aconselhamento funciona? Esse tipo de ajuda é um dom especial que alguns possuem, ou algo que todos podem fazer? Se uma igreja ou outra organização quiser usar conselheiros paraprofissionais, como essas pessoas são escolhidas, e como devem—pessoas como você—ser treinadas? Uma vez treinados, o que os conselheiros desse nível realmente fazem e quais os perigos que podem encontrar? Essas são questões que todo ajudador de pessoas deve considerar seriamente.

O aconselhamento de iguais funciona?

Se algum amigo já ajudou você numa crise, provavelmente você concluiu que o aconselhamento de iguais funciona. Mas, à parte nossas experiências pessoais, há alguma evidência de que essa ajuda seja eficaz? Vários pesquisadores têm procurado responder a essa pergunta, e suas conclusões têm sido consistentes. Os conselheiros paraprofissionais, ou leigos, são geralmente tão eficazes quanto os profissionais. Num livro detalhado sobre aconselhamento leigo, o psicólogo cristão Siang-Yang Tan examinou todos os estudos de pesquisa sobre a eficácia do aconselhamento feito por iguais. Ele reconheceu que existe ainda uma polêmica entre os profissionais, mas o peso esmagador da evidência apóia a conclusão de que os conselheiros leigos são freqüentemente tão eficazes quanto os profissionais. Há até evidência de que os leigos são ainda melhores que os profissionais.[2]

Um de meus ex-professores, o Dr. Joseph Matarazzo, veio a tornar-se presidente da Associação Americana de Psicologia. Depois de praticar a psicoterapia e fazer pesquisa por 25 anos, meu antigo professor concluiu que, exceto por um número bem pequeno de casos, como os de pessoas gravemente perturbadas por uma crise severa na vida ou pela ansiedade paralisante, a maioria dos conselheiros de iguais é competente. O que a grande maioria de conselheiros profissionais realiza na psicoterapia "não pode ser diferençado do que é obtido entre bons amigos durante o café da manhã, na vizinhança e em diversos ambientes de trabalho em toda parte".[3]

Por que os ajudadores de iguais são eficazes? Várias razões foram sugeridas. Em contraste com os profissionais, esse ajudador tem mais intimidade com o ajudado, em geral o conhece como amigo, sendo, portanto, mais capaz de compreender o problema, perceber pistas não-verbais e mostrar empatia sincera. O conselheiro de iguais está com freqüência mais disponível e, por causa disso, pode oferecer ajuda sempre que necessário. Esse conselheiro conhece muitas vezes a família do ajudado, sua situação de trabalho, estilo de vida, crenças ou vizinhos, e isso torna mais fácil para ele tomar uma parte mais ativa na orientação quanto a decisões ou na ajuda à pessoa que precisa fazer mudanças em sua vida. Além disso, os ajudadores leigos podem comunicar-se usando gíria e expressões que o paciente pode compreender; não existem termos psicológicos fantasiosos para criar obstáculos. Por último, o conselheiro leigo é provavelmente mais pé no chão, relaxado, aberto, informal e inclinado a introduzir humor para aliviar a tensão.

Com freqüência, o conselheiro profissional tenta trabalhar de acordo com alguma teoria de aconselhamento altamente elaborada. Ele se preocupa em usar a técnica apropriada, manter uma imagem profissional e ser bem-sucedido como ajudador. Em contraste, o leigo em geral não dá muita atenção a questões como essas. Ele sabe pouco ou nada a respeito de uma teoria psicológica complexa, não está tentando construir uma reputação como conselheiro, e não se importa em receber honorários. Desde que os conselheiros de iguais se preocupam principalmente em ajudar outros seres humanos, todo o seu esforço é dirigido a esse objetivo. Como resultado, o não-profissional acaba fazendo um trabalho melhor do que o profissional altamente treinado.

Se tudo isso é verdade, por que o ajudador de pessoas deveria interessar-se em vir a ser um conselheiro profissional? A resposta é mais simples do que você poderia esperar. Embora os conselheiros de iguais sejam quase sempre tão competentes na ajuda a outros quanto aos problemas básicos de aconselhamento, os problemas mais envolvidos e complicados são tratados mais efetivamente por profissionais altamente qualificados. O treinamento é muito benéfico para os ajudadores profissionais e, como veremos, há evidência de que o treinamento é valioso para melhorar também a eficácia dos conselheiros de iguais.

O aconselhamento é um dom especial?

Um aluno jovem e inteligente veio procurar-me em meu consultório para falar sobre um problema incomum. Ele descobrira que outros alunos iam ao seu dormitório para conversar sobre suas ansiedades, preocupações com namoro, conflitos sexuais, medo do fracasso e outros problemas. Meu aluno não achava que estava fazendo nada para encorajar essas visitas, mas estava tendo dificuldade em fazer seu trabalho por causa dos colegas que o procuravam pedindo ajuda e conselhos.

Ouço falar periodicamente sobre pessoas assim, não treinadas em aconselhamento, mas que descobrem que outros as procuram para serem ajudadas. Os telefones dessas pessoas parecem estar sempre tocando—algumas vezes para consternação de suas famílias ou colegas de quarto—ou são procuradas em suas casas ou dormitórios a todas as horas do dia ou da noite para conversar sobre necessidades pessoais. Por que alguns parecem ser ajudadores "inatos", enquanto outro não têm interesse ou aparente habilidade nessa área? É possível que esses indivíduos tenham dons especiais ou qualidades inatas na área de aconselhamento?

Todo cristão deve ser um ajudador de pessoas

Segundo a Bíblia, todo cristão deve ter uma preocupação prática e sacrificial pelas necessidades de seus semelhantes. Tiago nos lembra repetidamente que a nossa fé é morta se não se manifestar num interesse prático por outros (Tg 2.14-20). Essa mesma idéia é enfatizada em outro local das Escrituras. Todos devemos nos ocupar dos interesses alheios (Fp 2.4). Todos somos instruídos a nos alegrar com os que se alegram e chorar com empatia com os que choram (Rm 12.15). Devemos edificar uns aos outros, advertir uns aos outros, encorajar os desanimados, amparar os fracos e ter paciência com todos (1Ts 5.11, 14). Todos os homens e mulheres espirituais têm a responsabilidade de curar ou restaurar com amor os que caíram em pecado e devemos todos envolver-nos na tarefa de carregar os fardos uns dos outros (Gl 6.1, 2). Sempre que surgir a oportunidade, devemos "fazer o bem a todos, principalmente aos da família da fé" (Gl 6.10).

Fica claro, então, que todo cristão deve estender-se em amor a outros, e o aconselhamento é um meio pelo qual fazemos isso. Quando membros da família, vizinhos, colegas de trabalho ou membros da igreja falam conosco sobre algum fato em sua vida ou algum problema, nós, que somos motivados pelo amor cristão, iremos aconselhar, reconheçamos ou não esse fato, tenhamos ou não procurado algo.

Um dom especial para alguns ajudadores de pessoas

Embora todo cristão tenha a responsabilidade de ajudar e aconselhar outros, é provável que o aconselhamento seja um dos dons espirituais concedidos para edificar a igreja e fortalecer os cristãos individuais. Como descrito em Romanos 12, em 1Coríntios 12 e em Efésios 4, esses dons são mais que habilidades naturais. São algo adicional, dado aos cristãos pelo Espírito Santo. Embora todos os cristãos tenham recebido um ou mais dons espirituais, nenhum de nós possui todos eles. Alguns cristãos têm dons especiais como professores, pastores, evangelistas ou administradores; outros como ajudadores de pessoas ou conselheiros.

Em Romanos 12.8 lemos sobre o dom da exortação. O termo grego é *paraklesis*, que significa "aproximação para ajudar". A palavra envolve advertir, consolar, apoiar e encorajar as pessoas para enfrentar o futuro. Tudo isso parece muito com aconselhamento e se refere a um dom dado por Deus para um grupo seleto de cristãos.

Não devemos concluir disso que só os especialmente capacitados devem envolver-se no aconselhamento. Com respeito a isso, o serviço de ajuda é semelhante ao evangelismo ou ao ensino. Embora alguns cristãos tenham o dom especial do evangelismo (Ef 4.11), todo cristão deve testemunhar, buscando ganhar homens e mulheres para Cristo. Alguns cristãos são especialmente dotados como professores (Rm 12.7; Ef 4.11), mas todos temos a responsabilidade de ensinar nossos filhos e outros. Da mesma forma, todos devemos carregar os fardos uns dos outros e ajudar as pessoas, embora alguns possam ter um dom especial de aconselhamento.

As pessoas que possuem esse dom terão, provavelmente, um forte desejo de envolver-se na ajuda a outros com seus problemas. Vão descobrir que seus esforços de aconselhamento em geral produzem resultados positivos e construtivos, e desejarão que seu dom de aconselhamento seja usado para edificar a igreja. É possível, além disso, que os indivíduos com esse dom sejam os mesmos que são procurados por aqueles com necessidade de aconselhamento. Se você está em dúvida sobre se a ajuda às pessoas é um de seus dons espirituais, pergunte a quem o conhece melhor e pense se outros se aproximam espontaneamente de você para falar sobre seus problemas. Em geral, outros cristãos podem ver dons que nós mesmos não vemos.

Todo cristão ajudador de pessoas, profissional ou paraprofissional, é o instrumento do Espírito Santo para levar ajuda e cura. Só ele ajuda as pessoas, embora o faça por nosso intermédio (Jo 14.16, 26). O Espírito Santo usa sem dúvida todos os cristãos nessa tarefa, mas os que possuem o dom do aconselhamento são seus agentes especiais para amparar as pessoas em suas horas de necessidade.

Como são escolhidos os conselheiros de iguais?

A primeira vez que ministrei um curso para leigos sobre os elementos básicos do aconselhamento, a igreja colocou um anúncio no boletim, e eu cheguei pontualmente, esperando encontrar só algumas pessoas. Em vez disso, o recinto estava cheio. Havia alguns que já eram bons conselheiros, mas que queriam aprender a fazer um trabalho melhor. Muitos não tinham certeza de que poderiam ser ajudadores, mas compareceram para descobrir as possibilidades. Havia também alguns mergulhados em seus próprios problemas e que aparentemente estavam ali para buscar ajuda ou procurando meios de evitar seus problemas, aconselhando outros.

Existe provavelmente alguma verdade na velha idéia de que as pessoas que aconselham em geral fazem isso para resolver seus próprios problemas. Poderíamos pensar que *realmente* queremos ajudar outros por meio do aconselhamento, aliviar o sofrimento ou fazer melhores discípulos de Jesus Cristo, mas para todos nós pode haver outros motivos. Estes talvez incluam a necessidade de sentir-se importantes, de exercer poder sobre outros, de satisfazer a curiosidade ou de ter a oportunidade de falar abertamente sobre sexo com nossos aconselhados.

Mesmo quando tenhamos o mais puro dos motivos, é fácil envolver-se tanto emocionalmente com os problemas de outros que não conseguimos permanecer objetivos ou lidar com a tensão. O conselheiro começa então a desenvolver um comportamento pouco saudável e pode até levar os ajudados a se envolver em um comportamento derrotista, que pode complicar o problema original. Os profissionais enfrentam esses mesmos riscos, mas seu treinamento ajuda-os a permanecer mais objetivos e menos inclinados a usar as sessões de aconselhamento para resolver seus próprios problemas; estão mais dispostos a contrastar seu comportamento e motivos para o aconselhamento com a opinião objetiva dos supervisores ou outros conselheiros. O ponto para evitar alguns desses problemas está logo no começo. O ajudador em potencial deve examinar cuidadosa e sinceramente seus motivos para ser um conselheiro e o professor que faz o treinamento deve fazer o mesmo.

A tabeça 5.1 relaciona oito características que serão provavelmente encontradas nos bons candidatos a consultores leigos. Algumas igrejas usam testes psicológicos e outros dispositivos de seleção para a escolha dos ajudadores,[4] mas muitos deles são meios sistemáticos de avaliação, tenham ou não os candidatos as características resumidas na tabela.

Como são treinados os conselheiros de iguais?

Certa ocasião, o doutor Paul Tournier ficou pensando seriamente se deveria tornar-se psiquiatra. Seus amigos da área, contudo, o desanimaram. "Não se torne um de nós", advertiram. "Tal especialização poderia sufocá-lo e remover seu calor e espontaneidade."

Para os não-profissionais, o problema não é tanto se o conselheiro de iguais deve receber treinamento. A verdadeira questão está no *tipo* de treinamento recebido. Os programas de treinamento profissional quase sempre se concentram em métodos sofisticados de pesquisa, teorias de personalidade complexas e análises complicadas de histórias de caso. Tudo isso afasta o treinando das pessoas e ensina que o conhecimento de técnicas ou conformidade a certa teoria de aconselhamento é mais importante do que aproximar-se das pessoas que estão sofrendo.

Tabela 5.1
Características para seleção de ajudadores

Os seguintes critérios devem ser usados para selecionar conselheiros cristãos leigos para um ministério de aconselhamento leigo tanto de uma perspectiva bíblica como de uma perspectiva psicológica sólida:

1. Maturidade espiritual	O conselheiro deve ser um cristão cheio do Espírito, amadurecido (cf. Gl 6.1), que tenha um bom conhecimento das Escrituras, sabedoria em aplicar os ensinos bíblicos à vida e uma vida de oração regular.
2. Estabilidade psicológica	O conselheiro deve ser psicologicamente estável e não emocionalmente inconstante ou volúvel, mas franco e sensível. Ele não deve estar sofrendo de nenhum transtorno psicológico sério.
3. Amor e interesse pelas pessoas	O conselheiro deve ser um indivíduo cordial, interessado e sincero, com verdadeiro interesse pelas pessoas e em seu bem-estar.
4. Dons espirituais	O conselheiro deve possuir dons espirituais apropriados, tais como exortação (outros exemplos podem incluir sabedoria, conhecimento, discernimento de espíritos, misericórdia e cura).
5. Experiência de vida	O conselheiro deve ter alguma experiência de vida e, portanto, não ser jovem demais.
6. Treinamento ou experiência anterior na ajuda às pessoas	A experiência pode ser geralmente útil, embora não seja uma necessidade absoluta para a ajuda eficaz.
7. Condições de guardar sigilo	O conselheiro deve poder guardar sigilo e proteger a privacidade dos clientes.
8. Diversidade	Ao selecionar vários conselheiros, é útil ter pessoas que representem ambos os sexos e diferenças de idade, educação, posição socioeconômica e ambiente étnico-cultural.

Adaptado de Siang-Yang Tan, *Lay counseling: Equipping Christians for a Helping Ministry* (Grand Rapids: Zondervan, 1991), 100, 102.

Em contraste, o não-profissional é quase sempre menos psicológico do que o profissional, menos preocupado com fazer o diagnóstico certo ou usar a melhor técnica, e nem um pouco interessado na teoria ou pesquisa. Essa pessoa quer ajudar outros, mas não está geralmente disposta a freqüentar um programa de treinamento longo e complicado. O treinamento obtido por ela é, portanto, geralmente breve, mas intensamente prático e ligado ao desenvolvimento de empatia, cordialidade, autenticidade e a outras características que levam ao aconselhamento eficaz. O treinamento para os conselheiros de iguais (e provavelmente para os profissionais) deve ser simples e prático, lidando com problemas reais de pessoas reais. Embora os profissionais possam trazer excelentes contribuições para o processo de treinamento, podemos também aprender de outros conselheiros de iguais e até de nossos pacientes.

Vários programas diferentes foram desenvolvidos para treinar conselheiros de iguais, mas alguns aspectos desse treinamento são comuns a quase todas as abordagens. Os parágrafos seguintes podem ser úteis para treiná-lo no sentido de ser um ajudador melhor, dando também diretrizes que podem ser usadas para o treinamento de outros.

Foco na pessoa

O treinamento eficaz *enfocará o candidato a conselheiro como pessoa*. Se "em qualquer relacionamento de ajuda, a personalidade, valores, atitudes e crenças do ajudador são de primordial importância", esses itens devem ter então primazia num programa de treinamento. Os pontos fortes e fracos do conselheiro devem ser considerados. Se você quiser ajudar pessoas mediante aconselhamento, é preciso que examine a si mesmo à luz das Escrituras (Sl 119.9-11; 139.23, 24) e, com a ajuda de Deus, procure fazer as mudanças necessárias em sua vida. Você deve verificar suas habilidades e dons específicos, sendo suficientemente sincero para falar a seu próprio respeito a uma ou duas outras pessoas. Um bom meio de conhecer a si mesmo melhor é revelar-se a Deus e a outros indivíduos em quem confia (Tg 5.16).

Quando o conselheiro de iguais começa seu trabalho, haverá freqüentemente necessidade de encorajamento e apoio psicológico, especialmente quando o aconselhamento fica difícil. O iniciante (e também o "profissional") podem sentir necessidade de discutir suas inseguranças como ajudador, ou pode ser necessário falar sobre as ansiedades e tentações que surgem quando se está envolvido de perto com os detalhes íntimos da vida de outra pessoa. Os conselheiros iniciantes devem encontrar um meio de falar sobre essas questões com alguém mais experimentado nessa área.

Habilidades de aprendizado

Um dos manuais mais usados para o treinamento de conselheiros é *The skilled helper* [*O ajudador experiente*].[5] O autor, professor da Universidade Loyola de Chicago, escreveu um programa de treinamento completo para ensinar o que chama de "habilidades de ajuda". A teoria de aconselhamento e conhecimento dos problemas humanos pode ser importante para essas pessoas, mas, numa análise final, o melhor ajudador é o homem ou mulher que possui as habilidades que podem tornar mais fácil compreender melhor e influenciar positivamente o aconselhado.

O treinamento eficaz dos ajudadores envolve o ensino e o aprendizado de habilidades. Isso abrange aprender o que necessita ser feito, observando outros enquanto demonstram suas habilidades e depois praticando essas habilidades. Seguimos três passos quando aprendemos a jogar golfe ou tocar música no piano. Conhecer, observar e fazer são importantes no aprendizado de todas as habilidades, até mesmo no de ajudar.

Prover experiência

O treinamento eficaz deve incluir experiência no serviço. Uma declaração como essa pode fazer os conselheiros profissionais sentirem-se desconfortáveis. Ela parece sugerir que os ajudantes novatos deveriam ser liberados para aprender a "brincar de psiquiatra", tentando ajudar pessoas perturbadas a resolver seus problemas. Devemos lembrar, porém, que os leigos já estão aconselhando pessoas reais, portanto, nossa tarefa é auxiliá-los a aperfeiçoar o que já estão fazendo.

A idéia de que longos períodos de treinamento devem acontecer antes da prática está desagregando muitos programas de treinamento profissional. Os estudantes de medicina e enfermeiras, por exemplo, vão para as enfermarias bem cedo pela manhã para treinar. Direcionamos os novos convertidos para darem testemunho logo após sua conversão. O mesmo tipo de treinamento em serviço, acompanhado pela supervisão de pessoas mais experientes, irá provavelmente caracterizar também o treinamento dos futuros conselheiros de iguais.

Quais são alguns dos perigos do aconselhamento de iguais?

Há vários anos, um jovem americano cometeu suicídio. Depois do enterro, seus pais processaram uma grande igreja evangélica, acusando membros do grupo pastoral por terem dado aconselhamento incompetente. Como resultado, de acordo com a acusação, o homem fora impedido de obter a ajuda que poderia ter-lhe salvado a vida. O processo foi, por fim, cancelado, e os especialistas que examinaram os registros concluíram que os conselheiros da igreja nada tinham feito de errado, antiético ou incompetente. Mas a publicidade negativa que cercou o caso alertou várias igrejas para uma realidade que ninguém havia percebido anos antes. Nos Estados Unidos, de modo diferente de outras partes do mundo, os processos legais são muito comuns; todos os conselheiros, incluindo pastores e ajudadores leigos, podem ser processados por pacientes e famílias insatisfeitos.

Os ajudadores leigos poderiam ficar surpresos ao saber que em alguns lugares suas atividades violam a lei. Se você aceitar dinheiro ao fazer aconselhamento, por exemplo, está praticando oficialmente uma profissão sem diploma, e isso é ilegal. Se diz que é psicólogo ou conselheiro, mas não tem um certificado profissional, isso pode ser também uma transgressão legal. Por essa razão, muitos cristãos evitam usar a palavra *aconselhamento de pessoas* e, em vez disso, usam os termos *ajudador leigo, ministro leigo ou ajudador de pessoas*. Em cada promoção do que fazemos, deve ser tomado bastante cuidado para evitar interpretações erradas quanto a nossa perícia, competência, ou habilidades que possam levar a mudanças.[6]

Nada disso pretende demover você do ministério de ajuda. Em vez disso, é uma advertência para você ter cuidado ao exercer sua habilidade. Se você trabalha num ambiente eclesiástico, os líderes devem ser também cautelosos e levar em conta a necessidade de obter orientação legal antes de dar início a um ministério de aconselhamento.

As questões legais não são os únicos riscos em potencial na ajuda às pessoas. Algumas vezes nos envolvemos tanto com os problemas de outros que nossa própria estabilidade ou relacionamentos familiares sofrem. Em certos casos, os ajudadores se esquecem de descansar e tomar tempo para satisfazer suas próprias necessidades em vista desse envolvimento intenso com os ajudados. Outras vezes, você descobre que alguém está ameaçando suicidar-se ou causar dano a outrem—talvez a você—e não sabe ao certo a quem pedir socorro. Para os conselheiros de iguais, porém, quatro outros pontos espreitam com especial destaque. Se tiver conhecimento deles, você poderá evitar os perigos com muito maior facilidade.

Curiosidade do conselheiro

Na conversa diária evitamos falar sobre certos assuntos por serem demasiado pessoais. É raro perguntarmos às pessoas sobre suas finanças, vida sexual, ansiedades ou a situação do seu casamento. Numa relação de ajuda, porém, esses tópicos são freqüentemente discutidos por serem talvez exatamente os pontos que estão perturbando a pessoa que precisa de ajuda.

A liberdade de falar abertamente pode levantar algumas questões éticas que deveriam ser enfocadas pelo ajudador. A primeira é a questão da *curiosidade*. Algumas vezes em nosso aconselhamento esquecemos temporariamente as necessidades do ajudado e começamos a pedir informações que satisfazem particularmente a nossa curiosidade. O conselheiro deve ficar alerta para essa tendência e fazer o possível para evitá-la, especialmente no que se refere a questões que beiram à bisbilhotice, ou aos detalhes do comportamento sexual do paciente.

Estímulo sexual

Ligado de perto a esse assunto está o do *estímulo sexual*. Isso pode ter mão dupla: o ajudador talvez seja estimulado por um paciente charmoso, ou a pessoa que pede ajuda pode sentir-se atraída pelo conselheiro. Podemos instigar a outra pessoa ou ser instigados por ela sem qualquer de nós perceber o que está acontecendo. O ajudador do sexo masculino que coloca o braço em volta do ajudado para consolar pode não compreender que seu paciente do sexo feminino talvez interprete erradamente o significado do abraço. Uma quantidade moderada de contato físico entre ajudador e ajudado não é necessariamente errada em certos casos, já que às vezes comunica muito apoio e encorajamento. Devemos, no entanto, ter o cuidado de perguntar: Como o paciente interpreta isso? Que satisfação esse contato está me proporcionando?

É absolutamente crucial que o conselheiro cristão evite toda aparência de mal. Ao esquecer esse princípio, alguns conselheiros—inclusive conselheiros pastorais—se envolveram excessivamente com seus pacientes e, como resultado, destruíram sua família, vida, reputação e ministério. Dizer "Isto nunca aconteceria comigo", é já estar caminhando sobre terreno perigoso (1Co 10.12).

Vazamentos de confidências

O *vazamento de confidência* é o terceiro perigo para o ajudador de iguais. É verdade que ele não está legalmente preso ao mesmo código de sigilo que é tão importante para os profissionais. Mas um conselheiro que fala sobre seus pacientes está praticamente quebrando o sigilo e pode causar muito dano. Mesmo quando tentamos ocultar os detalhes de um caso, é possível que alguém na vizinhança ou na igreja adivinhe de quem se trata. Tal tipo de conversa deve ser evitado. Ele não acrescenta nada ao nosso bem-estar espiritual e pode muito bem abalar a fé que o paciente tem no conselheiro.

Equilíbrio espiritual

Pouca ou excessiva ênfase no aspecto espiritual pode ser outro perigo. No primeiro caso, são negados ao paciente os recursos das Escrituras ou da oração; e ele, algumas vezes, nunca chega a ouvir o evangelho porque o conselheiro teme tocar no assunto. Em contraste, quando há excesso de ênfase em religião, o ajudado talvez se afaste—com medo da religião—ou seja levado a crer que a parte espiritual do nosso ser é tudo o que importa. Tal visão não tem apoio nas Escrituras, nem podemos sustentar a opinião de que todos os problemas irão desaparecer automaticamente se estivermos reconciliados com o Senhor. A questão espiritual deve fazer parte do aconselhamento, por sua importância crucial, mas é preciso que esteja em equilíbrio com outras áreas, em vez de ser pouco ou demasiadamente enfatizado.

Evitando os perigos

Como podemos evitar esses e outros perigos? De um lado podemos desenvolver proteção espiritual. O estudo diário das Escrituras e oração constante, mesmo durante a sessão de aconselhamento, podem evitar que nossa mente divague e que nossa boca diga coisas que causem danos ou sejam até pecaminosas. Segundo, é útil ficarmos alertas para os perigos. Ser previdente é estar armado com antecipação! Terceiro, podemos evitar deliberadamente situações comprometedoras, excesso de ênfase em tópicos que estimulem o lado sexual e outros riscos. Por último, podemos adquirir o hábito de discutir nosso aconselhamento *confidencialmente* com outra pessoa—um pastor, um conselheiro profissional, ou simplesmente um amigo que possa ajudar-nos a manter as coisas em perspectiva e livres de perigo.

O maior risco de todos

O treinamento e utilização de conselheiros leigos para ajudar outros é um conceito estimulante que se tornou largamente aceito na igreja. Treinamos pessoas para testemunhar. Nós as ensinamos a ensinar outros e estamos agora treinando esses indivíduos a discipular outros. Como parte disso, devemos certamente treiná-los a se *relacionar* com outros—a levar os fardos uns dos outros e a aconselhar-se uns com os outros.

Há perigos no ministério de ajuda, mas pode haver também tremendos benefícios, especialmente quando os conselheiros leigos tiverem algum treinamento prático. É verdade, claro, que pouco conhecimento sobre aconselhamento pode ser perigoso, porém a falta de conhecimento e treinamento pode ser ainda pior. Não se interessar em ajudar em um plano pessoal, de pessoa para pessoa, pode ser o maior de todos os riscos.

Notas

1. Estou usando neste capítulo os termos *aconselhamento de iguais* e aconselhamento *paraprofissional* intercambiavelmente. No campo técnico, significam coisas diferentes. Conselheiros de iguais são ajudadores de pessoas que têm pouco ou nenhum treinamento na área de aconselhamento. Conselheiros paraprofissionais, como paramédicos e parajurisconsulto, em geral, conhecem bastante as técnicas de aconselhamento, embora lhes faltem as credenciais profissionais.

2. Para um resumo da pesquisa sobre a eficácia do aconselhamento leigo, veja Siang-Yang Tan, *Lay Counseling: Equipping Christians for a Helping Ministry* (Grand Rapids: Zondervan, 1991), 62-65.

3. J. Matarazzo, "Comment on Licensing", *A.P.A. Monitor* 10 (setembro-outubro 1979),: 36.

4. Para uma descrição desses instrumentos, veja o livro de Tan, p. 96-110.

5. Gerard Egan, *The Skilled Helper*, quarta ed. (Monterey, Calif.: Brooks/Cole, 1994).

6. Para um tratamento excelente das questões legais relativas ao aconselhamento, veja George Ohlschlager e Peter Mosgofian, *Law for the Christian Counselor* (Dallas: Word, 1992).

6

O estresse

Como seria a vida se não tivéssemos qualquer estresse? Se você é como a maioria das pessoas nesta sociedade saturada de estresse, talvez respondesse que a vida sem ele seria muito mais simples. Seria também bem mais monótona, menos desafiadora e talvez até bem mais curta. Alguns pesquisadores têm concordado que precisamos pelo menos de algum estresse para nos manter vivos e ativos—que as únicas pessoas sem estresse são as mortas. Mas os mesmos pesquisadores sabem que o excesso de estresse pode matarnos.

Segundo Hans Selye, cientista canadense que dedicou sua vida ao estudo desse assunto, o estresse pode ser dividido em duas categorias. *Distresse* é o tipo de estresse desagradável e danoso. Tristeza, experiência de fracasso, ansiedade paralisante, depressão e doença física são exemplos de distresse. Em contraste, o *eutresse* é uma experiência *positiva*. Obter uma promoção, mudar para uma nova casa, ir a um casamento ou ganhar um jogo são coisas que podem estressar o corpo, mas de maneira agradável. Alguns apreciam o estresse de uma vida agitada ou um trabalho desafiador, porque motivam e revigoram. Os dois tipos de estresse colocam nosso corpo sob pressão e nos forçam a resistir, mas o eutresse é muito mais agradável e divertido do que a experiência penosa do distresse.

O ajudador lida com o estresse em outros e em si mesmo. Poucos conversam com o conselheiro sobre o eutresse, mas quase todos os pacientes buscam ajuda quando estão com distresse. Podemos ser ajudadores melhores se compreendermos o que é o estresse e se soubermos como ele nos afeta. Assim, teremos condições de ajudar outros a enfrentar melhor os estresses que fazem parte da vida de todos.

O que é estresse?

"Você quer que eu estrague o seu dia agora ou mais tarde?" Há vários anos escrevi um livro sobre estresse. Afundei-me em livros de psicologia e pesquisas, conversei com pessoas sobre seus estresses, escrevi sobre como enfrentar o estresse, e depois compreendi que eu mesmo estava sob muito estresse. Lembreime disso quando escrevi no início desta seção as palavras "O que é estresse?", e fui interrompido por meu assistente administrativo, que me perguntou quando eu queria que o meu dia ficasse arruinado. O problema era uma questão de negócios que deveria ter sido tratada antes, mas escapara. Era, na verdade, um problema insignificante, embora viesse como um novo lembrete de que o estresse—do tipo distresse—pode surgir a qualquer momento, pode influenciar-nos emocionalmente, pode interferir em nossa eficiência e pode arruinar alguns de nossos dias.

É difícil dar uma definição de estresse aceitável para todos. Em geral, falamos de estresse em termos das circunstâncias da vida. Podemos dizer, por exemplo, que temos estresse no trabalho, estresse financeiro, ou o estresse de viver num lar em que há muito conflito. É mais correto, porém, e talvez menos confuso, pensar sobre o estresse como algo que acontece dentro do indivíduo. O estresse é uma reação fisiológica e psicológica às exigências da vida. Selye definiu originariamente o estresse como o desgaste que sofremos na vida. O estresse para uma pessoa pode diferir do estresse experimentado por outra, mas a cada dia experimentamos desgaste físico e emocional resultante das pressões da vida.

O diagrama 6.1 pode ajudar-nos a compreender o significado do estresse mais claramente, além de ser útil ao tentarmos ajudar outros. O diagrama sugere que o estresse possui quatro componentes: fontes, percepção, efeitos e sintomas. Pode haver muitas *fontes* de estresse, incluindo a influência de experiências passadas e o impacto dos fatos ou circunstâncias presentes—como as notícias sobre "arruinar o dia" dadas por meu assistente. Muitas vezes a fonte do estresse é externa: o local de trabalho, a vizinhança, o lar, ou qualquer outro local à volta. Mas, algumas vezes, o estresse tem sua fonte no cérebro. As pessoas muito preocupadas, por exemplo, criam estresse para si mesmas.

Percepção, a segunda parte do diagrama, refere-se a como consideramos os fatos que induzem ao estresse. O que poderia parecer mau ou potencialmente mau na mente de algumas pessoas, talvez não fosse visto do mesmo modo por outras. Se a equipe de basquete de minha cidade ganhar o campeonato, o placar final é o mesmo para ambos os times, mas o pessoal da minha vizinhança recebe isso como uma boa notícia e experimenta eutresse entusiástico. Os perdedores vêem a situação de outra maneira, e alguns ficam sob muito distresse.

Diagrama 6.1 Fontes, percepção, efeitos e sintomas do estresse

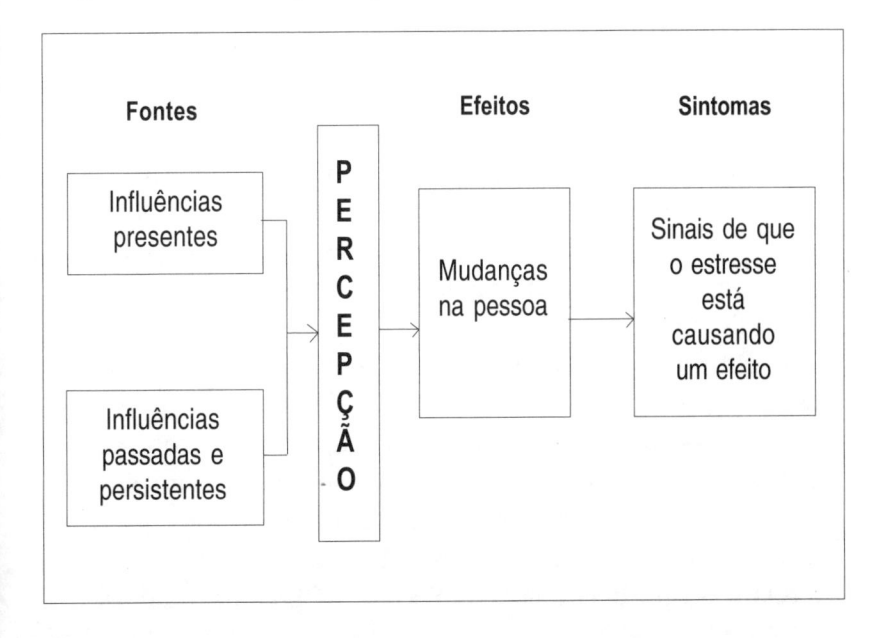

Fontes		Efeitos	Sintomas
Influências presentes	P E R C E P Ç Ã O	Mudanças na pessoa	Sinais de que o estresse está causando um efeito
Influências passadas e persistentes			

Há também diferenças nos *efeitos* do estresse. A mesma situação estressante pode influenciar diferentes pessoas, de maneiras diferentes. Isso pode levar a diferenças nas maneiras como manifestamos nossos estresses. Se alguém lhe pedir ajuda, caso você não tenha conhecimento das fontes de estresse na vida dessa pessoa, é possível que você não saiba como ela está percebendo uma determinada situação da vida, e você pode não entender como ela está sendo influenciada pelo estresse. Mas, com freqüência, podemos ver alguns dos *sintomas* do estresse.

Os que consultam conselheiros quase sempre se queixam primeiro de seus desconfortos e sintomas. A fim de ajudá-los, o ponto inicial está, geralmente, à direita do diagrama (6.1). Examinamos os sintomas e então nos movemos da direita para a esquerda, tentando reduzir os efeitos do estresse ajudando os indivíduos a perceberem os fatos de modo diverso e também a enfrentar as fontes do seu *distresse*.

As fontes e a percepção do estresse

Não temos de ser peritos no gerenciamento do estresse para saber que ele pode ter origem em várias fontes, algumas das quais ocorrem no presente, enquanto outras surgem do passado.

Influências presentes

A taleba 6.2 mostra que os estresses presentes são de quatro tipos. Os físicos incluem infecções e enfermidades, influência de drogas, efeitos de dieta, ou até o estresse produzido pela falta de sono. Todos sabemos que as doenças podem nos estressar, assim como a fadiga, café ou açúcar demais, falta de exercício, ou dor de dente.

O estresse psicológico surge mais freqüentemente na forma de frustrações, conflitos com outros, ansiedades internas e inseguranças, ou pressões. Um chefe exigente ou uma criança chorona nos coloca sob pressão, mas nossas expectativas pessoais também produzem o mesmo tipo de pressão. A maioria de nós descobriu que algumas das maiores pressões resultam das inseguranças e das expectativas ou exigências que colocamos sobre nós mesmos.

Tabela 6.2 Algumas influências estressantes no presente

Estresse físico (biológico)	Estresse psicológico
1. Infecção e/ou doença	1. Frustração, inclusive tédio
2. Problema cerebral	2. Conflito
3. Drogas	3. Ansiedades internas, conflitos ou inseguranças
4. Privação biológica	4. Pressão
• Privação de sono	5. Pressão autogerada
• Falta de alimentação	6. Medo de circunstâncias, intimidade, fracasso e outras ansiedades
• Falta de exercício	7. Mudança excessiva ou rápida demais.
• Falta de oxigênio, etc.	
Estresse social (sociológico)	**Estresse espiritual**
1. Conflito conjugal	1. Convicção de pecado
2. Tensões ocupacionais e econômicas	2. Culpa
3. Pressão de outras pessoas	3. Afastamento espiritual
4. Catástrofe civil	4. Dissensão na igreja
5. Guerra e outros eventos nacionais	5. Influência satânica direta
6. Acidentes	
7. Mudança tecnológica	

O estresse social, o terceiro dos quatro tipos, tem origem nas sociedades em que vivemos ou nas pessoas com quem interagimos. Esses são os estresses oriundos de casamento, chefes, professores, policiais que nos multam por excesso de velocidade, excesso de impostos etc.

Em último lugar, o estresse espiritual é resultado da convicção de que pecamos, da falha em adorar ou manter-nos próximos de Cristo, e, com freqüência, de tensões na igreja. Os cristãos estão numa batalha espiritual (Ef 6.12, 13). Reconhecemos que o diabo e suas forças podem reduzir nossa espiritualidade, mas criar também mais estresse nas áreas física, psicológica e social da nossa vida.

Influências passadas e que persistem

Como a pessoa reage ao estresse no presente depende muitas vezes de suas experiências no passado. Certa ocasião, quando estava numa livraria, encontrei o seguinte livro escrito por Susan Forward: *Toxic parents: overcoming their hurtful legacy and reclaiming your life* [Pais tóxicos: superando sua herança dolorosa e recuperando sua vida] (Nova York: Bantam Books, 1989; publicado em português pela Rocco, em 1990, sob o título *Pais tóxixos*). Alguns meses mais tarde esse livro foi seguido por *Toxic faith: understanding and overcoming religious addiction* [Fé tóxica: compreendendo e vencendo o fanatismo religioso], de Stephen Arterburn e Jack Felton (Nashville: Oliver-Nelson Books, 1991), e por outros livros que apontam para o impacto atual de influências passadas nocivas em nossa vida. Geralmente essas influências passadas persistem e nos tornam mais suscetíveis aos estresses presentes da vida.

Mais uma vez, podemos dividir essas influências em quatro categorias como mostrado na tabela 6.3. Trata-se de influências do passado que determinam, em parte, como reagiremos ao estresse do presente. O passado físico e as influências que persistem incluem os efeitos de hereditariedade, doença anterior ou vício anterior em drogas. O passado psicológico e as influências persistentes podem incluir o fato de que crescemos em famílias "tóxicas" ou disfuncionais, experimentamos um trauma anterior que nos deixou psicologicamente feridos, ou fomos privados da oportunidade de aprender habilidades sociais eficazes. O passado social e influências persistentes poderiam incluir as maneiras como fomos moldados pela raça, nível socioeconômico, ambiente educacional, ou filiação a um grupo religioso. Quarto, o passado espiritual e as influências persistentes poderiam envolver um sentimento repetido de que "nunca serei capaz de agradar a Deus", um vazio espiritual contínuo, ou um sentimento de frustração porque não se consegue satisfazer as exigências de um líder religioso.

Desde que todos experimentamos estresses diferentes e somos produto de ambientes diferentes, segue-se que nenhum de nós experimenta o estresse da mesma maneira. O problema se torna ainda mais complexo em vista das nossas diferenças de percepção.

Tabela 6.3 Algumas influências passadas e persistentes

Influências físicas (biológicas)	Influências psicológicas
1. Características herdadas 2. Defeitos congênitos e adquiridos 3. Doenças anteriores ou crônicas 4. Vício em drogas 5. Outras condições físicas persistentes	1. Primeira formação • Privação dos pais, negligência ou abuso • Rejeição ou superproteção • Excesso de indulgência ou de permissividade • Exigências rígidas, perfeccionistas 2. Desarmonia familiar/ famílias disfuncionais 3. Trauma na infância 4. Experiências inadequadas de aprendizado
Influências sociais (sociológicas)	Influências espirituais
1. Raça ou participação em outro grupo minoritário 2. Condição socioeconômica 3. Nível educacional 4. Lugar de residência 5. Afiliação religiosa 6. Estado civil 7. Sexo (e orientação sexual)	1. Sentimentos de indignidade ou fracasso espiritual 2. Vazio espiritual contínuo 3. Falta de fé em Cristo 4. Envolvimento num grupo religioso rígido ou outro grupo religioso "fanático" 5. Conceitos errados sobre o cristianismo

Vendo as coisas de um modo diferente

Quando minha mãe, já idosa, morava numa casa de repouso, ela tomava as refeições com três outras residentes. Essas quatro senhoras sentavam-se ao redor da mesma mesa três vezes todos os dias e estavam vivendo em circunstâncias bastante similares; mas, aparentemente, todas tinham opiniões diferentes sobre a comida, o lugar onde viviam e os funcionários que trabalhavam naquela casa. Diferenças desse tipo não são limitadas às pessoas mais velhas. Cada um de nós tem uma perspectiva única dos fatos e estresses da vida. Quando alunos estão enfrentando o mesmo exame final, alguns reagem calmamente, enquanto outros ficam realmente ansiosos. As pessoas que passam por desastres naturais, como enchentes e tornados, enfrentam perigos semelhantes, mas percebem lidam com o estresse de maneira diversa.

O que explica essas diferenças? As variações de personalidade têm provavelmente influência, e também nosso registro de experiências passadas quanto ao gerenciamento dos problemas. Os que lidaram eficazmente com o estresse têm mais probabilidade de ver um novo estresse como mais um desafio, ao contrário dos que podem não ter feito o mesmo antes.

As questões de ameaça e controle também influenciam a maneira como iremos perceber uma situação estressante. Quando uma situação é vista como ameaçadora, torna-se altamente estressante, especialmente para as pessoas que não crêem que possuem os recursos ou habilidades para enfrentá-la. Nossa visão do estresse depende também, em parte, do fato de nos sentirmos ou não no controle de uma situação. Há muitos anos, por exemplo, foi descoberto que os pacientes que vão ser submetidos a cirurgia consideram sua operação como menos estressante, e recobram-se mais facilmente quando ficam sabendo com antecipação o que podem esperar realmente e tomam conhecimento de algumas coisas que podem fazer para controlar o processo de restabelecimento. Cristãos que sabem que Deus é quem está finalmente no controle tendem a considerar as dificuldades da vida de modo diferente dos incrédulos.

Quando compreendemos a natureza dos nossos estresses e temos uma idéia de quanto tempo vão durar, lidamos melhor com a situação quando eles chegam. Para compreender como as pessoas são influenciadas pelo estresse devemos, portanto, tentar determinar como elas percebem suas circunstâncias e suas habilidades para lidar com elas.

O impacto do estresse

O estresse não só é percebido de diferentes maneiras, como também nos influencia de diversos modos. Há vários anos, os cardiologistas de San Francisco sugeriram que as pessoas podem ser divididas em duas grandes categorias—tipo A e tipo B. Ninguém se enquadra com exatidão nelas, mas, segundo os médicos, os do tipo A são altamente ambiciosos, agressivos, competitivos, auto-impelidos e se esforçam para ter sucesso. Os do tipo

B são muito diferentes: mais casuais, relaxados e menos preocupados com as realizações. Depois de anos de estudo, os médicos que propuseram essas categorias afirmaram que as pes-soas com estilo de vida tipo A têm sete vezes mais probabilidade de ter um infarto do que as do tipo B.

Na sociedade altamente pressionada em que vivemos, a maioria de nós sabe que uma vida estressante do tipo A pode ter uma influência poderosa e algumas vezes ameaçadora sobre nosso corpo. Algo similar acontece quando temos um trabalho exigente, vivemos sob ameaça ou perigo contínuos, não podemos controlar nossa vida, ou circunstâncias, e de outras maneiras atravessamos semanas ou anos de esforços constantes. Desgastamo-nos física e psicologicamente. Nossos relacionamentos com outros se deterioram, e muitas vezes nos sentimos afastados de Deus. Em meio a tais circunstâncias é fácil desenvolver atitudes amargas ou desesperançadas, e essas, por sua vez, criam mais estresse.

Os de fora nem sempre vêem essas mudanças, mas elas corroem nosso corpo, e, com o tempo, manifestam-se em sinais ou sintomas. Quando esses sintomas persistem, ou ficam difíceis de suportar, consultamos quase sempre médicos, conselheiros ou amigos que possam ajudar.

Os sinais e sintomas do estresse

Como você reage quando está estressado? É provável que a maioria de nós tenha meios próprios de reagir às pressões da vida, e suas reações podem ser diferentes das reações de seus amigos ou família. A tabela 6.4 (a última deste capítulo—prometo) traz uma lista de algumas das reações mais comuns ao estresse. É claro que só os médicos estão qualificados para diagnosticar e tratar os sintomas físicos produzidos pelo estresse ou as causas do estresse. Assim também, os conselheiros profissionais estão mais bem equipados para usar testes psicológicos e métodos similares cuidadosamente preparados para compreender melhor os sintomas psicológicos que acompanham o estresse.

Ao observar outros e ouvi-los falar, todos podemos ter alguma idéia de como o estresse está afetando nossos pacientes. Quando estou estressado, por exemplo, minha tendência é retrair-me e ficar negativo e impaciente. Minha família não precisa de um exame médico ou psicológico sofisticado para saber o que está acontecendo. Podemos aprender muito se mantivermos nossos olhos e ouvidos abertos, procurando ser sensíveis ao que as palavras e comportamento das outras pessoas realmente comunicam.

Ajudando as pessoas a lidar com o estresse

Jeff Alm era um jogador de futebol com um futuro brilhante. Ele se distinguiu na equipe do Notre Dame, e mais tarde foi recrutado pelos Houston Oilers. Descrito por seu agente como "um sujeito extraordinário", inteligente, despretencioso e inclinado a rir, Jeff Alm dirigia um carro, certa noite, quando perdeu o controle numa passagem elevada da via expressa, e seu melhor amigo foi atirado para fora do veículo, caindo no pavimento sessenta quilômetros abaixo, onde morreu. Na confusão da cena do acidente, o jovem jogador de futebol procurou uma arma no carro, colocou-a na boca e puxou o gatilho. De maneiras diferentes, os amigos de Jeff Alm e um exército de repórteres tentaram entender a tragédia, mas concordaram que ele se suicidara num momento de choque, estresse esmagador e provável culpa pela morte do amigo.

Esse é um exemplo trágico e extremo de como um homem reagiu a um profundo estresse. Numa situação similar, você ou eu poderíamos ter reagido de modo diferente—alguns dos quais poderiam ter sido tão destrutivos quando o suicídio de Jeff Alm. Todo conselheiro sabe que o estresse intenso lança alguns indivíduos em depressão profunda ou outra enfermidade mental, uso excessivo de álcool e outras drogas, ou doença e deterioração induzidas pelo estresse. O estresse severo com freqüência reduz a eficiência ou habilidade de concentração, leva ao esgotamento, torna mais difícil lidar com novas pressões, quebra relacionamentos e diminui a capacidade do corpo para lutar contra as doenças.

Tabela 6.4 Alguns sinais e sintomas do estresse

Sintomas físicos	Sintomas psicológicos
1. Mudanças da pressão arterial e do fluxo sanguíneo 2. Aumento da concentração de glicose no sangue 3. Mudanças gastrintestinais, resultando algumas vezes em úlceras 4. Capacidade reduzida de resistir a doenças, maior número de doenças provocadas pelo estresse 5. Mudanças na força muscular, inclusive problemas de coluna 6. Aumento no número de moléstias cardiovasculares.	1. Aumento da tendência para atacar ou retrair-se (lutar ou fugir) 2. Uso de mecanismos de defesa 3. Comportamento psicológico, como: • percepções erradas • preocupação excessiva • pensamentos distorcidos (suposições inválidas ou conclusões erradas) • expressão emocional incorreta • atividade física repetitiva (como roer unhas ou andar de um lado para outro) • maneiras impróprias ou estranhas de se relacionar com outros • desorientação e confusão com outros comportamentos estranhos.
Sintomas socias (sociológicos)	**Sintomas espirituais**
1. Interrupção na maneira de as pessoas se relacionarem (por exemplo, separação familiar, divisão da igreja em facções, colegas de trabalho prejudicando-se uns aos outros 2. Movimentos sociais, como greves, motins, revoluções ou guerras.	1. Sentimentos prolongados de culpa, dúvidas, fracassos ou autocondenação 2. Sensação de estar afastado de Deus 3. Busca espiritual contínua 4. Fanatismo e/ ou envolvimento em seitas

Há, porém, meios mais saudáveis de lutarmos com sucesso e ajudar outras pessoas a lidar com o estresse. Primeiro, é importante *fazer um levantamento* da situação. Isso pode ter um efeito calmante e ajudar a colocar as situações estressantes em perspectiva. Algumas vezes podemos fazer isso sozinhos, usando um caderno de anotações; mas, em geral, é útil conversar com um ajudador interessado. Pergunte, por exemplo, o que está causando o estresse. Estamos vendo a situação como é exatamente? O que pode ser feito para resolver o problema? O que foi descoberto que funciona em situações semelhantes? Quando os estresses são vários, quase sempre um tem prioridade sobre os outros. É melhor trabalhar no estresse mais perturbador, e passar para os outros depois. Algumas vezes o ponto inicial é o reconhecimento de que algumas coisas poderiam vir a ser para sempre diferentes por causa da situação estressante que está sendo agora enfrentada.

O estresse muitas vezes nos força a ajustes; é isso que torna tudo mais difícil em certas ocasiões. Mas *fazer mudanças* pode ser também uma reação saudável ao estresse. Podemos mudar—ou ajudar outros a mudar—os ambientes, as percepções, o corpo e as habilidades. Para mudar o ambiente, considere eliminar algumas coisas do seu programa, mudar de emprego, afastar-se das amizades com pessoas que criam estresse em você, ou separar algum tempo para refletir. Para mudar percepções, reconheça que muitas vezes perdemos a perspectiva em tempos de dificuldade. Alguns fatos, como condições atmosféricas perigosas ou uma doença terminal não podem ser mudados; porém, mesmo assim, podemos mudar a maneira como vemos as coisas. Sozinho, ou com a ajuda de outra pessoa, tente obter uma visão mais equilibrada do que aconteceu e como estamos reagindo.

Algumas vezes esquecemos que o estresse pode ser mais bem trabalhado quando damos atenção ao nosso corpo. Coisas simples, como descansar o suficiente, fazer refeições balanceadas, ou tomar tempo para exercitar-nos, podem capacitar-nos a resistir melhor às pressões da vida moderna.

Podemos igualmente mudar nossas habilidades. Suponhamos que alguém esteja enfrentando o estresse do desemprego. Essa pessoa talvez precise de ajuda para preparar um currículo, lidar melhor com as entrevistas, ou obter treinamento adicional em algum trabalho ou profissão. Mudar o que sabemos e o que podemos fazer é um modo de mudar o impacto do estresse.

Além de fazer uma lista e de por em prática as mudanças, *antecipar o estresse futuro* pode ser também útil, especialmente se a expectativa vier antes do estresse. Na pesquisa ja referida, os pacientes de cirurgia que receberam informação realista do que estavam para enfrentar lidaram melhor com seu estresse pré e pós-operatório, e depois da cirurgia suas condições físicas melhoraram mais depressa.[1] Isso foi chamado de *inoculação do estresse*. É um processo de ajudar as pessoas a compreenderem o que se encontra à frente, para que fiquem menos surpresas, tenham mais conhecimento e se inclinem menos a ficar paralisadas pelo medo e a incerteza quando surge o estresse antecipado.

Além disso, os cristãos lidam melhor com o estresse quando *usam seus recursos espirituais*. Nunca subestime o poder da oração, o consolo que vem da leitura e meditação das Escrituras, o ânimo gerado pela adoração comunitária, o valor de lembrarnos da natureza de Deus, ou o apoio dado pelos irmãos na fé.

Isso nos leva a um outro meio saudável de enfrentar as situações: *encontrar apoio social*. Se alguém interessado estivesse junto a Jeff Alm quando ele pegou a arma, é bem provável que ainda estivesse vivo hoje. Os pesquisadores confirmaram o que a maioria já sabe: a presença e o apoio de outras pessoas moderam significativamente os efeitos do estresse e facilitam o enfrentamento das situações. Em contraste, quando falta apoio de outros e do ambiente, o estresse causa um impacto mais potente e a capacidade de enfrentar os problemas fica reduzida.[2]

O ajudador pode auxiliar outros a preparar a lista, fazer mudanças, prever algumas vezes o estresse e tirar proveito da força e do consolo dados por Deus. As pessoas descobrem geralmente que a presença de um indivíduo interessado é uma grande ajuda nos períodos de estresse, especialmente se esse interessado é um crente no Deus de toda consolação. Às vezes, só a nossa presença já é fonte de encorajamento.

Encorajando

A Bíblia ensina o encorajamento mútuo; e, em determinadas ocasiões, todos precisamos ser encorajados por outros (Rm 1.11, 12; 1Ts 4.18; 5.11; Hb 3.13; 10.24, 25). Um dos indivíduos mais admirados do Novo Testamento foi um homem de Chipre, chamado José. Ele tinha tamanha inclinação para encorajar que os membros da igreja primitiva mudaram seu nome, chamando-o Barnabé, que significa "filho do encorajamento". Ele é mencionado várias vezes nas Escrituras, geralmente fazendo algo para encorajar outros.[3]

Logo depois de Paulo ter-se tornado cristão, por exemplo, muitos dos cristãos não estavam certos de poder confiar nele. Eles tinham razão de suspeitar de Paulo, já que ele fora o principal perseguidor da igreja. Mas Barnabé encorajou Paulo, levou-o até os apóstolos e ficou a seu lado quando os outros continuavam desconfiando.

Muitos anos mais tarde, na que foi provavelmente a última de suas epístolas, Paulo mostrou que ele também aprendera a ser um encorajador. (Talvez tivesse aprendido de Barnabé.) O velho apóstolo estava numa prisão úmida e fria quando colocou suas palavras no pergaminho. Não fez queixas. Pelo contrário, escreveu uma carta positiva e encorajadora a Timóteo, o homem mais jovem que substituiria seu mentor quando ele partisse. A carta começa com agradecimentos a Deus, mesmo em meio às suas difíceis circunstâncias (2Tm 1.3).

Depois, Paulo escreveu sobre *oração*. Algumas vezes, quando alguém precisa de encorajamento e ajuda, orar é tudo o que podemos fazer. Na verdade, é o melhor que podemos fazer. Você imagina como Timóteo deve ter-se sentido encorajado ao ler que era constantemente lembrado em oração pelo fiel apóstolo (v. 3)?

Paulo encorajou também Timóteo ao ajudá-lo a *manter as coisas em perspectiva*. A carta mencionava as lágrimas que correram quando os dois homens se separaram, comentava sobre a formação de Timóteo, lembrava-o de seu chamado para o ministério, e enfatizava que, embora Deus permita o sofrimento, ele continua sendo todo-poderoso (v. 4-8).

Em toda a carta, Paulo dá *orientação* e conselhos a seu companheiro mais jovem, do tipo: Guarde o que lhe foi confiado. Treine homens mais jovens para fazer o seu trabalho. Não poupe esforços para ser um bom obreiro. Fuja do mal, das disputas e da cobiça. Procure, em vez disso, ser santo.

Enquanto lia, Timóteo deve ter-se sentido encorajado pelas instruções de seu amigo mais idoso, mas pode ter-se sentido também desafiado porque Paulo *encorajou-o à ação*. "Procura vir ter comigo depressa", escreveu ele. "Quando vieres, traze a capa que deixei [...] especialmente os pergaminhos" (2Tm 4.9, 13). Ele incumbiu Timóteo de pregar: corrigindo, repreendendo e encorajando outros com paciência e cuidadosa instrução (v. 2). Há ocasiões em que estimular as pessoas à ação é um meio eficaz de encorajá-las.

Se você quer ser um ajudador, mas não sabe por onde começar, pode tornar-se um encorajador—a partir de agora. Ore pelos que precisam de encorajamento. Envie um cartão ou um bilhete a alguém que não o esteja esperando—um parente, uma secretária, um pastor ou outro líder cristão, um ex-professor. Procure uma oportunidade para encorajar alguém todos os dias, fazendo um elogio, agradecendo, expressando sua apreciação por algo que a pessoa fez ou está fazendo. Como Paulo na prisão, você pode descobrir que encorajar outros ajuda a amortecer parte da dor e dos problemas que talvez existam em sua própria vida. É algumas vezes surpreendente como uma palavra bondosa de incentivo pode alegrar outra pessoa (Pv 12.25; 25.11) e encorajar o encorajador.

Um professor de uma faculdade da Califórnia estava assistindo à televisão quando ouviu que "outro ato casual de violência sem sentido" ocorrera em sua comunidade. Enquanto ouvia a notícia, o professor ficou pensando como seria uma comunidade em as pessoas praticassem atos casuais de *bondade* sem razão aparente.

No dia seguinte, ele deu aos alunos uma tarefa diferente: fazer algo incomum para ajudar alguém e escrever sobre sua experiência. Os alunos reagiram com entusiasmo. Um jovem comprou vinte cobertores no depósito do Exército de Salvação e os deu aos sem-teto que viviam debaixo de uma ponte. Outro cedeu a vaga a um motorista num estacionamento próximo e foi até o outro único espaço disponível, a quase um quilômetro de distância.

Alguém, em um banco local, soube da experiência e mandou imprimir adesivos de pára-choques, animando as pessoas a "praticarem um ato casual de bondade sem razão aparente". Os adesivos foram vendidos a um dólar cada, e o dinheiro doado a uma organização de caridade local. O departamento policial colocou os adesivos em seus carros. A idéia foi transmitida pelas rádios, espalhada nas escolas e encorajada nos púlpitos. O professor ficou atônito e entusiasmado. Ao que parecia, a comunidade de quase cem mil pessoas queria envolver-se. Por algum tempo, pelo menos, os habitantes estavam aplicando princípios bíblicos básicos de encorajamento: façam o bem uns aos outros.

E isso causou impacto sobre toda a cidade.

Notas

1. Iriving L. Janis, Psychological Stress: Psychological and Behavioral Studies of Surgical Patients (New York: Wiley, 1958).

2. Robert C. Carson e James Butcher, Abnormal Psychology and Modern Life (New York: HarperCollins, 1992), 144.

3. Nos últimos anos, o encorajamento tornou-se um assunto popular entre os cristãos e vários livros foram publicados para destacar sua importância. Entre eles estão Encouraging One Another de Gene A. Getz (Wheaton: Victor Books, 1982) e Encouragement: Key to Caring de Lawrence Crabb e Dan B. Allender (Grand Rapids: Zondervan, 1984). Um escritor britânico chamou o encorajamento de "Fator Barnabé". Veja Derek Wood, The Barnabas Factor: The Power of Encouragement (Leicester, Inter-Varsity Press, 1988).

7

Ajuda em uma crise

À medida que vamos vivendo, todos deparamos ocasionalmente com crises. A morte de alguém que amamos, o nascimento de um filho deformado, a dissolução de um casamento, o fracasso em não entrar na faculdade, um acidente de carro—todos esses são fatos que nos abalam e nos deixam sentindo ameaçados, confusos e muitas vezes deprimidos. Em palavras um tanto formais, *uma crise é qualquer acontecimento ou série de circunstâncias que ameaça o bem-estar do indivíduo e interfere em sua rotina.* As crises são estressantes porque interrompem nossa vida, tendo, com freqüência, implicações duradouras, forçando-nos a achar meios de enfrentá-la, meios que não havíamos tentado antes.

A maioria de nós vive o dia-a-dia encontrando problemas e desafios de maneira mais ou menos eficiente. Periodicamente, porém, surge uma situação que é tão nova e ameaçadora que nossa maneira comum de lidar com os problemas não funciona mais. Somos repentinamente forçados a confiar em métodos novos e não experimentados para lidar com as pressões e tensão.

No passado, as pessoas primeiro se voltavam para os parentes nos momentos de crise, buscando seu conselho e aceitando sua ajuda, orientação e solidariedade. Em muitas partes do mundo isso ainda acontece, mas em quase todos os Estados Unidos as coisas são diferentes. O americano é um povo móvel, que se muda com grande freqüência, e que se encontra, em geral, longe dos membros da família que poderiam dar maior apoio nas crises. Na ausência de parentes, nos voltamos para os vizinhos, amigos, colegas, membros da igreja conhecidos e pastores. Essas pessoas muitas vezes aparecem nos períodos de crise, e são quase sempre de grande utilidade.

Nem todas as crises são iguais

As crises podem ser divididas em duas amplas categorias. *Crises de desenvolvimento*, que ocorrem em épocas previstas enquanto viajamos pela vida. Enfrentar o primeiro dia na escola, lutar com a adolescência, ajustar-se ao casamento, lidar com as inseguranças da meia-idade, adaptar-se à aposentadoria—são todas situações de crise que exigem esforço extra por parte do indivíduo e de suas famílias. Essas crises podem ser bem severas, mas podem ser geralmente previstas e resolvidas à medida que o indivíduo aprende a ajustar-se ao novo estágio da vida.

Crises acidentais, como indica o nome, são menos previsíveis, e, em conseqüência, nos atingem com mais força. Ficar repentinamente desempregado, saber que um amigo morreu num acidente de trânsito, ou terminar inesperadamente um noivado, são exemplos de situações que colocam exigências extremas sobre as pessoas envolvidas e quase sempre as deixam inseguras sobre o que fazer em seguida.

Como reagir às crises

Nos períodos de crise, as pessoas geralmente se voltam para seus meios habituais de lidar com problemas. Muito cedo, no entanto, fica claro que os antigos instrumentos não estão funcionando. O estresse inicial ainda persiste, mas a pessoa em crise sente também frustração e confusão em vista da sua incapacidade de resolver a questão. Nesse ponto, todos os recursos internos ficam imobilizados. A pessoa tenta vários métodos do tipo "tentativa e erro" para lidar com o problema, tenta pensar em novas maneiras criativas para tratar a situação e tenta aceitar ou fazer o melhor com as circunstâncias que não podem ser mudadas. Se tudo falhar e o problema persistir, o indivíduo, por fim, entra em colapso físico, mental, ou ambos. É o que geralmente acontece no chamado colapso nervoso. Não há mais recursos ou energia para enfrentar o estresse. Exausta, a pessoa desiste. Algumas vezes ela recua para um mundo irreal ou insiste irracionalmente em um comportamento que pode ocultar ou negar o problema, mas que não faz nada para resolvê-lo.

A singularidade das crises

Toda situação de crise é única. O que acontece nos períodos críticos dependerá em parte das circunstâncias, personalidades e estrutura psicológica das pessoas envolvidas; a disponibilidade de outros que possam ajudar; a experiência passada do indivíduo (ou falta dela) para lidar com as crises; e a severidade do estresse. Quando o estresse é intenso, alguns entram quase imediatamente em colapso psicológico e físico. Outros descobrem que possuem tremendas reservas internas que os capacitam a superar até períodos prolongados de pressão intensa.

Algumas características são, porém, vistas em quase todos durante os períodos de crise. A *ansiedade*, por exemplo, está quase sempre presente. Em alguns casos pode ser tão intensa que interfere com a clareza dos pensamentos e faz as pessoas agirem incorretamente ou tomarem decisões erradas, as quais, por sua vez, aumentam os problemas originais. Há, muitas vezes, um sentimento de *desesperança*. A pessoa não sabe o que fazer e freqüentemente sente-se envergonhada por não conseguir ser mais autoconfiante. A *dependência de outros* é quase inevitável, mas isso pode também criar problemas. A pessoa sente-se culpada por ser tão dependente, frustrada com sua incapacidade de tomar decisões e zangada porque outras pessoas estão controlando sua vida. Tudo isso pode contribuir para uma *perda de auto-estima* por sentir-se vulnerável e não estar no controle. A *ira* relativa a toda a situação é uma emoção comum que fica às vezes oculta, mas é em geral dirigida a outros — até mesmo às pessoas que estão tentando ajudar. Em meio à frustração, o indivíduo em crise não sabe com quem se zangar, e, portanto, agride os que estão perto e têm mais probabilidade de permanecer fiéis e dar apoio apesar das explosões de ira. Algumas vezes a ira é contra Deus, seguida de sentimentos de culpa. E pode haver *diminuição da eficiência* no comportamento diário: remoendo o problema, preocupando-se com o que vai acontecer em seguida, perguntando a razão disso ter acontecido. Todas essas características reduzem o tempo, energia e atenção que seriam normalmente dirigidos a outras atividades.

Ajudando a enfrentar crises

Uma crise é mais do que um aumento da tensão ou uma interrupção de nossos programas. As crises geralmente mudam nossa vida para direções diferentes, e a maneira como reagimos pode ter influência sobre nosso equilíbrio futuro e nossa saúde mental.

Se conseguirmos lidar com uma crise, adaptar-nos às novas circunstâncias, ou encontrar meios eficientes para resolver o problema da crise, iremos então desenvolver mais autoconfiança e experiência. Isso, por sua vez, nos capacitará a lidar mais efetivamente com as crises futuras. Em contrapartida, se a pessoa for incapaz de resolver a situação, surgem sentimentos de fracasso ou incompetência que recairão sobre a próxima crise e tornarão ainda mais difícil a adaptação no futuro.

Em tempos de crise quase todos procuramos mobilizar nossos recursos íntimos, e algumas vezes procuramos ajuda de conselheiros profissionais. Muitas vezes, no entanto, os que mais prestam ajuda são aqueles que a pessoa em crise já conhece, respeita e ama. Quanto mais próximo você estiver da pessoa numa crise, e quanto mais tem conhecimento da situação, tanto maior a probabilidade de ser chamado, e ficará mais fácil para você interferir por iniciativaprópria.

Como podemos ajudar uma pessoa num período de crise? Vamos examinar inicialmente a tabela 7.1. Ela mostra alguns meios errados e certos de lidar com uma crise. Quando doença, morte na família, perdas financeiras, conflito conjugal e outras crises surgem, o objetivo do conselheiro é ajudar a evitar comportamentos, sentimentos ou pensamentos pouco sadios, e, em vez disso, levar a pessoa a se concentrar no que é saudável e construtivo.

Para fazer isso melhor, o ajudador deve ficar geograficamente próximo da pessoa em crise (é difícil—embora não impossível—ajudar alguém à distância), estar imediatamente disponível (mesmo no meio da noite), ter mobilidade (a fim de poder ir até a pessoa necessitada, se necessário), e ser flexível nos métodos de ajuda. As pessoas que podem melhor satisfazer esses critérios são os membros da família, amigos, vizinhos, membros da igreja e pastores. Esses últimos podem ser especialmente úteis em períodos de crise porque simbolizam esperança e estabilidade teológica para alguém que esteja desanimado e inseguro.

Quando você for ler sobre *intervenção na crise* nos parágrafos seguintes, notará que o ajudador tende a ser mais ativo que o normal, tentando esclarecer a situação, dando informação ou afirmação, e algumas vezes sugerindo cursos de ação. Em meio às crises, a maioria das pessoas fica confusa e incerta sobre o que fazer. Precisam então de um ajudador atencioso que não seja manipulador, mas que esteja disposto a dar apoio e direção, até que o indivíduo em crise possa cuidar de si mesmo.

Não existe uma fórmula padrão ou uma abordagem tipo livro de receita para ajudar a pessoa em crise, mas algumas coisas podem ser feitas em quase todos os casos.

Faça contato

Nós, cristãos, acreditamos que podemos interferir à distância por meio de oração, e isso não deve ser ignorado. Mas, sempre que possível, devemos também, com nossa presença, mostrar interesse pessoal, comunicando compaixão, cordialidade e disposição para ouvir. Quanto mais cedo pudermos comparecer à cena, tanto mais probabilidade teremos de ajudar. É útil também se pudermos manter contato em todo o curso da crise.

Reduza a ansiedade

Isso não é feito encorajando a pessoa a pensar em outra coisa. Algumas vezes desviamos a conversa para outros assuntos por sentirmos necessidade de reduzir nossa ansiedade, mas isso não ajuda muito nas crises. Em geral, a pessoa quer e neces-

Tabela 7.1 Meios errados e certos de lidar com a crise

Meios errados de lidar com a crise	Meios certos de lidar com a crise
1. Negar que existe um problema.	1. Enfrentar o fato de que existe um problema.
2. Fugir do problema ignorando-o, ocultando-o, ou tentando escapar dele através do álcool ou outras drogas.	2. Tentar compreender melhor a situação.
3. Recusar-se a buscar ou aceitar ajuda.	3. Abrir canais de comunicação com amigos, parentes, pastores, ou outros que talvez possam ajudar.
4. Esconder sentimentos de tristeza, ira, culpa, entre outros.	4. Enfrentar os sentimentos negativos de culpa, ansiedade ou ressentimento, ou pensar em atos e meios alternativos de examinar a situação, a fim de poder lidar com esses sentimentos.
5. Não pensar em meios práticos para lidar com a crise.	
6. Culpar outros por causar a crise e esperar que alguém fique totalmente responsável por saná-la.	5. Separar o que pode ser mudado na situação do que não pode.
7. Representar o papel de uma vítima indefesa de quem outros abusaram e que nada pode fazer, exceto sofrer.	6. Verificar meios práticos de lidar com o problema e tomar providências (mesmo que pequenas) tratando o problema de modo prático.
8. Afastar-se dos amigos ou da família.	
9. Recusar-se a orar sobre a crise.	7. Aceitar a responsabilidade de enfrentar problemas, mesmo que esses tenham resultado de situações fora do seu controle.
10. Convencer-se de que a crise é uma evidência do castigo ou desfavor de Deus.	8. Orar sobre o assunto, contando sinceramente a Deus suas preocupações. Lembrar-se de que Deus está tanto a par de nossas crises quanto preocupado conosco.

sita falar sobre a situação, descrever o que aconteceu, pensar em épocas melhores antes da crise e sentir liberdade para expressar emoções de tristeza, sofrimento, remorso ou ira.

Em tais ocasiões, o conselheiro pode demonstrar calma, interesse e aceitação. Podemos transmitir o consolo das Escrituras e orar com o aconselhado, assegurando-nos, porém, de que esses não são artifícios para impedi-lo de falar sobre o problema e expressar sentimentos.

Se você não conhece muito bem a situação, tente descobrir quando a crise começou e o que aconteceu antes disso. Desse modo, às vezes é possível encontrar a fonte do problema e começar a lidar com ele. Se a pessoa diz, por exemplo, que "tudo ia bem, até que comecei a faculdade", podemos supor que algo no ambiente da faculdade está criando os sintomas da crise.

Algumas vezes, para reduzir a ansiedade, temos de suportar a violência da ira do aconselhado, ajudando-o a ver mais claramente o problema, fazendo comentários positivos sobre os passos dados para enfrentar a crise e ajudando a pessoa em crise a perceber que nem tudo está perdido. Isso, é claro, pode não funcionar se não for feito com sensibilidade. Romanos 8.28, por exemplo, pode ser falado de maneira pouco convincente, irritando o ajudado, especialmente se ele sentir que quem citou o versículo não compreendeu realmente a situação.

Quando várias pessoas estão envolvidas numa crise, será útil tratar com a pessoa mais ansiosa primeiro e afastar os espectadores curiosos. Há vários anos, nossa família viu um menino sendo atropelado por um carro. Enquanto minha esposa, que é enfermeira, aplicava os primeiros socorros e conversava calmamente com a mãe aflita, um irmão mais velho apareceu em cena. De maneira agitada, ele gritou: "Mamãe, o Jimmy vai morrer?". A cena imediatamente ficou tensa, até que minha mulher assegurou ao irmão mais velho que o Jimmy provavelmente ficaria bom, e depois sugeriu que a mãe poderia precisar de um casaco ou malha nos ombros quando fosse na ambulância. O irmão mais velho correu para pegar o agasalho, e a situação foi acalmada consideravelmente.

Foco nos problemas

Em meio a uma crise é fácil ver um grupo de eventos, possibilidades e conselheiros, sendo que tudo isso pode pesar demais. O ajudador pode fazer várias coisas neste ponto. Primeiro, ajudar a pessoa em crise a explorar a situação presente, descrevendo os seus sentimentos, pensamentos, planos (se houver) e esforços para resolver o problema. Esse é um processo de selecionar os problemas, um de cada vez, descobrindo o que é ameaçador, e vendo o que foi ou poderia ser feito sobre a situação.

Em certas ocasiões é preciso haver uma análise dos verdadeiros problemas, uma lista dos recursos da pessoa (que dinheiro, habilidade, pessoas e oportunidades estão disponíveis), uma lista das diferentes alternativas que o indivíduo poderia usar e uma avaliação de cada uma delas. Se o ajudado não apresentou todas as alternativas, apresente você algumas. Para cada uma, tente decidir com ele o que é possível, que possa ajudar a resolver realmente o problema e o que é mais fácil de fazer.

Há vários anos, visitei uma cidade onde muitas casas tinham sido estragadas por um tornado. Uma delas fora completamente destruída, exceto uma parede que continuava de pé. Por cima do papel de parede, em letras grandes e pretas, alguém escrevera: "Os Richardsons vão reconstruir!". Depois da crise, eles haviam tomado as devidas decisões!

Lembre-se de que as pessoas em crise são, geralmente, muito sugestionáveis. Por isso, tenhamos cuidado para não impor nossas soluções. A última coisa que alguém em crise precisa é fracassar. O medo de outro fracasso imobiliza muito em tempos de crise. Eles precisam então de ajuda e encorajamento, tanto para decidir o que fazer como para tomar a decisão de agir.

Em ocasiões de crise, não esqueça que seu auxílio pode ir além da vítima da crise que você está tentando ajudar. Por exemplo, você poderia mobilizar a igreja ou a comunidade. Apoio maciço em oração não só pode sustentar o indivíduo numa crise, como pode ser igualmente uma demonstração encorajadora de que as pessoas realmente se importam. A ajuda mais tangível sobre a qual Tiago escreve pode ser acrescentada a isto: "Se um irmão ou uma irmã estiverem carecidos de roupa e necessitados do alimento cotidiano, e qualquer dentre vós lhes disser: Ide em paz, aquecei-vos e fartai-vos, sem, contudo, lhes dar o necessário para o corpo, qual é o proveito disso?" (Tg 2.15, 16). Fé em Jesus Cristo e compromisso com ele devem evidenciar-se mediante os atos de cristãos bondosos que ajudam de maneira concreta com dinheiro, suprimentos, cuidado de crianças, ou outros meios práticos.

Encoraje a ação

Com ou sem ajuda, algumas vezes a pessoa decide sobre algum curso de ação, mas fica depois com medo de continuar com o plano. O ajudador pode encorajar então a pessoa a adquirir habilidades, se necessário, e a agir. Tenha cuidado para não fazer coisas por ela todo o tempo. Quando enfrentamos crises, é fácil sentar e "deixar que outro tome a iniciativa" e depois queixar-se da qualidade do serviço. As pessoas em crise precisam ser ajudadas a ajudar a si mesmas. Cada um desses atos deve ser avaliado com a ajuda do conselheiro, e se um plano anterior não tiver sucesso, saídas diferentes ou melhores precisam ser tentadas.

Tudo isso supõe, é claro, que o ajudador e o ajudado são os únicos envolvidos em resolver a situação crítica. Devemos lembrar, porém, que a maioria das crises começa com uma série de eventos ou circunstâncias ambientais. Com freqüência, a maneira mais eficaz numa crise é mudar o ambiente. Ajudar a pessoa a conseguir outro emprego, mobilizar a comunidade para colaborar na reconstrução de uma casa ou pagar despesas médicas, falar com parentes ou amigos que podem estar causando grande parte do estresse são meios que podem reduzir a força da crise interferindo no ambiente.

Ajuda com aceitação

A aceitação é em geral um grande passo para lidar com um problema grave. Algumas vezes a crise traz uma mudança permanente. A morte de alguém querido, a destruição de propriedade, ou a descoberta de uma doença terminal são exemplos de fatos que devem ser aceitos. Agir de outra maneira é ignorar a realidade, negar o problema e adiar a solução.

A aceitação, como a cura, leva tempo. Ela quase sempre envolve pensamentos penosos e conscientes sobre a situação, expressão de sentimentos, reajuste do estilo de vida, formação de novos relacionamentos e planejamento do futuro. A aceitação pode envolver riscos e possível fracasso. Tem mais sucesso quando estamos rodeados de amigos sinceros, pacientes, úteis, e quando conhecemos o Salvador que nos mandou lançar sobre ele nossos fardos. Podemos então experimentar a *paz* e a *orientação que dão* verdadeira *esperança* e *estabilidade* nos tempos de crise (Sl 32.8; 55.22; Mt 11.28-30). Lembre-se de que quando a pessoa entrega seus problemas ao Senhor, ele pode sustentá-la por meio de outros seres humanos—como o escritor ou os leitores deste livro.

Jesus: conselheiro em tempos de crise

Em João 11 vemos um exemplo familiar de como Jesus ajudou as pessoas numa crise que envolvia uma enfermidade terminal, perigo pessoal e a perda de alguém querido.

Quando Lázaro de Betânia ficou gravemente enfermo, suas irmãs, Maria e Marta, enviaram uma mensagem a Jesus; mas em vez de apressar-se para atender à necessidade delas, ele permaneceu onde estava dois dias ainda. É claro que Jesus sabia o que estava acontecendo em Betânia, e até usou a crise para ensinar aos discípulos (v. 4, 9-15) antes que eles compreendessem que a doença de Lázaro era fatal.

Os discípulos, nesse meio tempo, estavam enfrentando igualmente uma crise. Não só a vida de Jesus corria perigo, como também a deles, pois estavam associados com um homem procurado (v. 8, 16). Aparecer em público era arriscar-se a uma morte violenta, mas quando Jesus lhes disse que Lázaro morrera, eles concordaram em acompanhar o Senhor até Betânia.

Ao chegarem, a cena era de grande tristeza. Veja como Jesus lidou com a situação:

- Ele explicou aos discípulos confusos o que estava acontecendo (v. 4, 14, 15).
- Permitiu que Marta expressasse seus sentimentos e perplexidade (v. 21, 22).
- Confortou-a de maneira calma e incutiu esperança em Marta (v. 23, 25, 26).
- Apontou para ela a pessoa de Cristo (v. 25).

- Permitiu que Maria expressasse seus sentimentos, os quais poderiam conter uma dose de decepção (v. 32).
- Não impediu o sofrimento dela; ao contrário, expressou seu próprio sofrimento (v. 33-36).
- Aceitou com serenidade a atitude hostil de muitos dos amigos da família enlutada (v. 37), embora estivesse profundamente comovido com toda a situação (v. 37, 38).

Aí Jesus entrou em ação—ação que mudou a tristeza em alegria, glorificou a Deus e fez que muitos cressem em Cristo (v. 38-45). Nessa ocasião, Jesus não mandou os observadores embora, como tinha feito ao ressuscitar a filha de Jairo; mas, ao chamar Lázaro do túmulo, ele demonstrou conclusivamente sua vitória sobre a morte, a maior de todas as crises. Pouco tempo mais tarde, quando foi executado, Jesus dirigiu-se serenamente até a cruz, e depois ressuscitou. Não é de admirar que o apóstolo Paulo afirmasse aos coríntios que a morte fora tragada pela vitória e que os cristãos tinham a certeza da vida após a morte, uma vida com o próprio Cristo (1Co 15.51-58).

É verdade que nenhum de nós pode fazer um morto voltar à vida como Jesus fez, mas é também verdade que como ajudantes nas crises podemos empregar cada uma das outras técnicas que Jesus usou na crise em Betânia. As crises nos ensinam a olhar os problemas que surgem com mais objetividade e a resolvê-los mais eficazmente. Isso, por sua vez, contribui para nosso bem-estar mental e estabilidade psicológica. As crises, porém, igualmente nos alertam para as questões espirituais e nos ensinam a nos apoiar mais no Cristo que chamou Lázaro da sepultura. É claro que nem todos reagem deste modo. Alguns criticam e se zangam com Deus, mas outros olham para as crises como o ponto decisivo em sua jornada espiritual.

As pessoas em crise, segundo vimos, ficam muitas vezes confusas, sugestionáveis, com sentimentos de culpa e de autocondenação, e sem esperança. Em situações assim, seria fácil para o conselheiro manipular o aconselhado e levá-lo a tomar decisões espirituais que ele poderia lamentar, delas se ressentir, ou rejeitar, mais tarde.

Jesus não recorreu a tais táticas. Quando se viu diante da morte de Lázaro e ao risco que corria sua própria vida, ele não negou as implicações espirituais do que estava acontecendo. Usou a situação para ensinar verdades espirituais, para mostrar como lidar com as crises e para demonstrar o poder de Deus na vida de seus filhos. Note que ao apontar para o espiritual Ele não tocou nas emoções das pessoas, nem as roubou da sua liberdade de duvidar (Jo 11.16), criticar (v. 37), resistir (v. 46-53), ou voltar-se para ele e crer (v. 45).

Deus usa as crises para aproximar as pessoas dele. Ele se utiliza delas para ajudar os cristãos a crescer e amadurecer como discípulos. Nossa tarefa como ajudadores é ficar abertos para a orientação do Espírito Santo, confiando em que ele irá mostrar-nos quando e como inserir questões espirituais em nossa ajuda nas crises, de modo que atraia o aconselhado para mais perto do Senhor e, em conseqüênia disso, glorifique a Deus.

8

Ajuda em momentos de desespero

Dentro dos próximos sessenta segundos alguém vai tentar suicidar-se, e, a não ser que você seja um leitor veloz, antes que chegue ao fim deste capítulo pelo menos uma dessas tentativas terá sido bem-sucedida. As probabilidades indicam que a vítima seja do sexo masculino, idosa e deprimida, embora as estatísticas mostrem um aumento alarmante no índice entre adolescentes e jovens adultos. Só nos Estados Unidos, calcula-se que 200 mil pessoas tentem suicidar-se por ano. Isso seria cerca de 23 tentativas de suicídio por hora. A cada vinte minutos alguém consegue. Esses suicídios atingem todas as camadas sociais: ricos e pobres, instruídos e não-instuídos, jovens e velhos etc. Os cristãos, assim como os incrédulos, também tentam o suicídio.

Vejamos o caso de John Baucom. Seus pais se divorciaram e seu pai foi assassinado. Mal tendo feito dez anos, e terrivelmente perturbado com os acontecimentos em sua família, o menino tentou se matar. Muitos anos mais tarde, depois de tornar-se psicólogo cristão, o dr. Baucom descreveu o que acontecera:

> Corri até a cozinha de minha avó e peguei uma enorme faca de açougueiro. Agarrei o cabo, levantei a faca até meu peito e comecei a esfaquear-me. Aquilo parecia lógico na ocasião. Eu me juntaria a meu pai e passaria a eternidade com ele. Por alguma razão não senti dor quando a faca entrou do meu lado. Dei um grito, embora não reconhecesse a minha voz. Lembro-me de meu avô envolvendo-me com os braços. Comecei a chorar con-

vulsivamente quando ele me apertou contra o peito. Meu corpo tremia enquanto perdi lentamente a consciência. Então adormeci. Sobrevivi.

Entretanto, continuo vivendo com o impacto dessa experiência. Estou certo de que ela afeta a maneira como me relaciono com a vida hoje.[1]

A natureza do suicídio

O suicídio é tão velho quanto a história registrada. É mencionado nos primeiros escritos egípcios, hebraicos e romanos; foi discutido pelos filósofos gregos e tem interessado a escritores e teólogos em toda a era cristã. A Bíblia registra sete suicídios,[2] dos quais a morte de Saul e o enforcamento de Judas são, talvez, os mais conhecidos. As Escrituras nunca tratam especificamente do suicídio, mas condenam claramente o assassinato; e, desde que o suicídio poderia ser considerado um auto-assassinato, passaria a ser então um pecado contra Deus. Deus criou a vida por meio de seu Filho (Hb 1.1-3); ele é o sustentador da vida; e ele—e não nós—é o único com direito de acabar com ela.

Para muitos, porém, chega um momento ou momentos na vida quando as crises são tão grandes e as situações parecem tão desesperadas que a morte parece ser a única saída. Se você estiver envolvido em ajudar, há bastante probabilidade de que algum dia vá encontrar alguém que esteja ameaçando suicidar-se. Sua reação natural talvez seja entrar em pânico ou empurrar o indivíduo para outro ajudador. Fazer isso pode ser a melhor reação no caso, mas algumas vezes não é possível, e ocasionalmente não é nem sequer prudente. Louis Dublin, que foi pioneiro na prevenção do suicídio, comentou certa vez que o conselheiro de iguais provavelmente é "a descoberta mais importante nos cinqüenta anos de história da prevenção do suicídio. Pouco progresso havia sido feito até que ele entrou em cena".[3]

Os ajudadores não-profissionais mostraram ser bastante eficientes em ajudar pessoas nas crises que as levam à pensar em suicídio. O não-profissional, portanto, pode ser a pessoa mais decisivamente importante para ajudar alguém que está pensando seriamente na possibilidade de autodestruir-se. Por esse motivo, o ajudador não-profissional precisa de todo conhecimento que possa obter para identificar um suicida em potencial e decidir o que fazer a respeito.

Quando eu estava na metade deste capítulo, um homem telefonou para uma emissora de rádio e pediu para falar com um *disc-jockey* que estava no ar. Ele estava ameaçando matar-se, e o locutor começou então a fazer perguntas para determinar se as ameaças eram reais e se o homem tomara mesmo essa decisão. Por três horas, o DJ substituiu, por música, seu habitual comentário no ar e conversou com o homem ao telefone até que pudesse obter ajuda. No final dessa sessão-maratona, o locutor contou que se sentia exausto e vazio, mas havia ajudado numa situação de crise quando nenhum conselheiro profissional estava disponível. Quando lhe perguntaram mais tarde como soubera o que fazer, o *disc-jockey* deu uma resposta simples. "Eu sei quais são os sentimentos da pessoa que está pensando em suicidar-se", disse ele. "Já estive nessa mesma situação!"

Por muitos anos, o departamento de polícia de Los Angeles reuniu os bilhetes de suicídio das pessoas que tiraram a própria vida, mas ninguém prestou muita atenção a elas até que dois psicólogos, Edwin Shneidman e Norman Farberow, começaram a lê-las e analisá-las. Isso levou, por fim, à fundação do Centro de Prevenção de Suicídios de Los Angeles, onde literalmente milhares de pessoas que tentam o suicídio ou são potencialmente suicidas têm sido ajudadas.

Baseado nas experiências desses e de outros conselheiros, agora sabemos bastante sobre o suicídio e sua prevenção.[4] O suicídio é, quase sempre, uma tentativa de encontrar alívio para um intolerável sofrimento psicológico e um meio de escapar de um sentimento profundo de desesperança e desamparo. As tentativas de suicídio, em geral, são gritos de socorro—modos não-verbais de dizer: "Estou sendo muito pressionado e não sei mais o que fazer". A tarefa do ajudador é dupla: julgar até que ponto a pessoa está falando sério sobre suicidar-se e tomar algum tipo de atitude baseado nesta avaliação.

Avaliando o potencial do suicídio

Quase todos que tentam o suicídio dão, antecipadamente, algumas dicas sobre suas intenções. Algumas vezes as pistas são tão claras quanto uma pessoa indicando que seria bom "acabar com tudo" para fugir de um problema. Quase sempre, no entanto, elas são muito mais sutis e tendem a ser de cinco tipos: verbais (o que a pessoa diz), comportamentais (o que a pessoa faz), descritivas (o que a pessoa é), situacionais (o que aconteceu) e sintomáticas (como a pessoa está enfrentando). Ao avaliar o potencial para o suicídio, o conselheiro deve procurar lembrar-se de todos os cinco tipos.

Pistas verbais

Essas podem ser de dois tipos. Algumas vezes a pessoa é direta e afirma que está pensando em suicídio. Tais ameaças devem ser levadas a sério. A velha idéia de que "se ele fala a respeito é porque não vai fazer isso" não se sustenta realmente.

O segundo tipo de pista verbal é mais sutil. Declarações como "Não vou trabalhar na semana que vem" ou "Este é o último exame para o qual vou estudar" —não mencionam o suicídio, mas sugerem que há uma possibilidade. Perguntas como "O que eu poderia fazer para ajudar uma amiga que está pensando em matar-se?" poderia ser uma pista velada das intenções de quem pergunta.

Algumas vezes é apropriado perguntar a um suicida em potencial se ele pensou alguma vez em métodos específicos. Em geral, se a pessoa pensou sobre o tempo, lugar e método, está sendo séria quanto a essas intenções, especialmente se o método é usar uma arma ou pular de um terraço alto. Esses gestos são quase sempre bem-sucedidos (supondo que a arma esteja carregada e o terraço seja suficientemente alto), ao contrário de cortar os pulsos ou tomar vários comprimidos de aspirina. Se a pessoa já tem uma arma ou comprou veneno, a ameaça é ainda maior.

Pistas comportamentais

Algumas vezes as pessoas não mencionam o suicídio, mas suas emoções e ações apontam nessa direção. Considere, primeiro, as emoções. A maioria das pessoas que pensa em suicídio está deprimida ou acha que a vida não vale a pena. Uma vez que decidam se matar, sentem-se, porém, mais descontraídas. Uma decisão foi tomada, algumas das pressões desapareceram e elas mostram uma mudança súbita e perceptível de disposição. Os parentes ficam em geral encorajados com isso até que ocorre a tentativa de suicídio.

As ações da pessoa às vezes revelam suas intenções. Pagar dívidas antigas, atualizar apólices de seguro, dar de presente coisas das quais jamais abriria mão, e deixar de comunicar-se com o conselheiro são possíveis indicações comportamentais de que o indivíduo está se preparando para partir definitivamente.

Pistas descritivas

Essas se referem a quem a pessoa é, e, como tal, são pistas que podem ou não ser úteis para o ajudador. Como já vimos, pessoas de todas as idades e posições cometem suicídio, mas algumas têm mais inclinação para isso do que outras. Em geral, os homens se suicidam mais do que as mulheres, embora estas façam mais tentativas. O suicídio é comum nos idosos—alguns dos quais se voltaram para o controvertido (e ilegal) "suicídio assistido pelo médico" em anos recentes. Tem havido também um aumento dramático no número de suicídios entre os jovens. Na faixa de 15 a 24 anos, por exemplo, o índice de suicídios triplicou desde meados da década de 1950, e agora é considerada a terceira causa mais comum de morte para essa faixa etária (depois de acidentes e homicídios).[5]

O estilo de vida do indivíduo é também importante até certo ponto. Alguns são ameaçadores crônicos. Como o menino da história infantil que gritava "É o lobo!", eles ameaçam freqüentemente, embora, à medida que envelhecem, a probabilidade de pôr em prática a ameaça aumente. Em geral, porém, as ameaças desses indivíduos não são tão sérias quanto as feitas por pessoas que tinham vida e casamento estáveis antes da ameaça de suicídio. Esses indivíduos podem ser quase sempre ajudados numa crise, mas quando fazem a ameaça estão realmente decididos quanto ao suicídio. Poderiam na verdade estar mortos se não fossem vigiados cuidadosamente, levados a sério e recebessem ajuda.

Pistas situacionais

Antes que as pessoas comecem a pensar em suicídio há geralmente uma crise ou estresse que elas não podem resolver. A morte de alguém querido, descoberta de uma doença maligna ou outra enfermidade grave (AIDS, inclusive), separação dos filhos, perda do emprego ou posição, divórcio, desespero por não poder controlar a bebida ou excessos sexuais, prisão, envolvimento criminal, destruição de propriedade, perda de dinheiro—tudo isso pode colocar a pessoa numa situação de extremo estres-se. Mesmo coisas boas, como uma promoção ou formar-se na faculdade são estressantes para a maioria, embora raramente levem ao suicídio. O estresse, portanto, deve sempre ser avaliado do ponto de vista do paciente, já que ele pode refletir sobre certa situação de modo muito diferente do nosso. Quando o estresse é intenso, a probabilidade de suicídio é maior.

Pistas sintomáticas

A maneira como a pessoa *enfrenta* o estresse é tão importante quanto o próprio estresse. Vários sintomas indicam se a pessoa não está lidando bem com o problema. Esses indicadores incluem depressão e desespero, desorientação ou confusão, uma tendência para queixar-se ou mostrar-se insatisfeita, e algumas vezes uma atitude desafiadora que diz, em essência, "Posso estar por baixo, mas pelo menos posso acabar com a minha vida quando quiser!". Alcoólatras, viciados em drogas ou outras substâncias químicas, pessoas em estado terminal e os que pensam que têm uma doença terminal podem apresentar um alto risco de suicídio, especialmente quando se sentem esmagadas por essas condições.

E a religião?

Em meio a todos esses pensamentos deprimentes, é refrescante descobrir que entre os religiosos, o suicídio não é tão comum quanto entre os não-religiosos. Eles até pensam menos em suicídio, e, quando estão estressados, tendem menos a fazer tentativas de matar-se.[6] Pode haver várias razões para essas conclusões. Ao lado das famílias, a igreja costuma dar apoio em épocas de necessidade ou desânimo, e nos capacita a resolver ou lidar com os problemas quando surgem. Além disso, a maioria dos cristãos crê na soberania e no poder de Deus, e sabe que ele nos dá um raio de esperança mesmo em meio às circunstâncias difíceis. Alguns cristãos poderiam ser também dissuadidos do suicídio porque temem o desagrado de Deus se tirarem a própria vida.

Mesmo assim, é possível que quase todos os leitores deste livro saibam de cristãos que se suicidaram. Quando os cristãos mostram sinais de estar pensando em suicídio, devemos levá-los a sério e ficar prontos para prestar ajuda.

A disponibilidade dos ajudadores

Quando uma pessoa está sozinha, preocupada, e não tem com quem conversar, a vida fica muito mais difícil e o suicídio é muito mais provável do que se parentes e amigos amorosos estiverem por perto e desejosos de dar ajuda e apoio. Porém, mesmo quando tais amigos estiverem à disposição, eles não podem ser úteis se não tiverem uma indicação de que a pessoa está considerando a possibilidade de suicidar-se. Considere os dentistas, médicos e advogados, por exemplo, todos eles com uma taxa de suicídio mais elevada que a média, embora entrem em contato com pessoas todos os dias. Em geral, faltam a esses profissionais pessoas com quem possam conversar e compartilhar sinceramente suas dificuldades em períodos de estresse.

Em contraste, quando há alguém a quem falar, a probabilidade de autodestruição baixa consideravelmente. Os amigos e parentes são os ajudadores mais óbvios; mas, como mencionamos antes, existem outros, incluindo vizinhos, colaboradores, membros da igreja, pastores, professores, médicos da família, conselheiros particulares, ou até barbeiros e cabeleireiros. Todos eles podem ajudar. Isso também se aplica ao policial que atende a um chamado de emergência e ao estranho que atende o telefone na central de suicídio. E a você também! A tabela 8.1 é um resumo de algumas das pistas mais comuns de suicídio. Ela pode ser usada como uma lista para determinar até que ponto a pessoa está falando sério quanto a acabar com a própria vida. Em geral, quanto mais marcas em sua lista, tanto maior o perigo de suicídio.

Evitando o suicídio

Para a maioria de nós pode ser assustador compreender que em alguma ocasião podemos estar conversando com alguém que está considerando seriamente a possibilidae do suicídio. Não é incomum para um conselheiro em potencial concluir que ele não ouviu corretamente, que o aconselhado não está falando sério, ou que talvez a pessoa vá a outro lugar com o problema. Quando uma pessoa comunica sua intenção antes de tentar o suicídio, alguns dos que têm melhor condição para ajudar reagem, em vez disso, com pânico, medo, preocupação e inércia. Sem fazer nada, elas talvez esperem ignorar a situação. Mas, se o suicídio acontece, esses indivíduos que poderiam ter ajudado, sentem, mais tarde, culpa e autocondenação.

A decisão de cometer suicídio é uma indicação de que alguém está em crise. As técnicas de intervenção na crise, discutidas no capítulo 7, podem ser úteis ao tratar com o aconselhado suicida. Úteis, também, são suas tentativas de ouvir e responder com interesse e honestidade. Alguém afirmou que podemos igualmente necessitar de "olhos e ouvidos aguçados, boa intuição, uma pitada de sabedoria, habilidade para agir corretamente e uma determinação firme". Isso parece simples, mas não é suficientemente específico para ser de grande utilidade.

Conselho mais prático é dado num pequeno panfleto publicado pelo Public Affairs Committee de Nova York. Todas as referências se aplicam a pessoas de ambos os sexos.

Tabela 8.1 Lista de avaliação do suicídio
Pistas mais comuns

Verbais
- Conversa direta sobre suicídio.
- Sugestão de que não vai estar presente em futuro próximo.
- Perguntas sobre suicídio.
- Interrupção dos encontros ou conversas com o ajudador.

Comportamentais
- Depressão severa (incluindo apatia, insônia).
- Melhora súbita na atitude mental.
- Culpa, vergonha, embaraço.
- Sentimentos de hostilidade, vingança.
- Tensão e ansiedade.
- Raciocínio fraco.
- Conhecimento dos métodos disponíveis.
- Planos claramente delineados.
- Métodos propostos disponíveis (arma, droga etc).
- Doação de bens.
- Compra ou atualização de seguro.
- Pagamento de dívidas antigas.
- Colocação dos negócios em ordem.

Descritivas
- Uma ou mais tentativas quase bem-sucedidas.
- Decisão súbita, primeira, de matar-se.
- Histórico de instabilidade ou família instável.

Situacionais
- Perda de um ente querido por morte, divórcio, separação.
- Perda de dinheiro, prestígio, emprego (inclusive aposentadoria).
- Doença grave, cirurgia, acidente, perda de membro.
- Diagnóstico de doença terminal.
- Ameaça de processo criminal.
- Mudança(s) de situação da vida.
- Falta de aconselhamento.
- Sucesso, promoção, mais responsabilidades.

Sintomáticas
- Sentimentos de desesperança.
- Insatisfação.
- Pensamentos confusos.
- Tendência a queixas.
- Atitude desafiadora.
- Problema com drogas ou bebidas.
- Incapacidade de controlar impulsos.

Recursos
- Nenhuma fonte de apoio (amigos, parentes etc).
- Família, amigos disponíveis, mas não querem ajudar.
- Pouca ou nenhuma fé religiosa.
- Nenhum contato com igreja ou comunidade.
- Vida solitária.

Leve realmente a sério todas as ameaças, comentários ou atos de suicídio. O suicídio não é uma brincadeira. Não tema perguntar à pessoa se ela está mesmo pensando em cometer suicídio. A menção não vai plantar a idéia em sua cabeça. Pelo contrário, ficará aliviada em saber que está sendo levada a sério, que está sendo mais bem compreendida do que esperava.

Não ignore uma ameaça de suicídio e não subestime sua importância. Nunca diga: "Oh, esqueça. Você não vai se matar. Não pode ser verdade. Você não é o tipo". Um comentário desses pode ser um desafio para o suicida. Tal pessoa precisa de atenção, e não de ser dispensada. Quem quer que esteja suficientemente desesperado pode ser "o tipo".

Não tente chocar ou desafiar a pessoa dizendo: "Oh, vá então em frente". Um comentário assim, impaciente, pode ser difícil de segurar quando a pessoa vem repetindo ameaças ou sua presença incomoda. Mas é um convite descuidado para o suicídio.

Não tente analisar o comportamento da pessoa e confrontá-la com interpretações de seus atos e sentimentos no momento de crise. Isso deve ser feito mais tarde por um profissional.

Não discuta com o indivíduo sobre o fato de ele viver ou morrer. Não é possível vencer essa discussão. A única posição a tomar é que a pessoa *deve* viver.

Não suponha que o tempo cura todas as feridas e que tudo vai melhorar por si mesmo. Isso talvez aconteça, mas não pode ser tomado como certo.

Esteja disposto a ouvir. Você pode ter ouvido a história antes, mas ouça de novo. Mostre-se genuinamente interessado, seja forte, estável e firme. Prometa à pessoa que tudo o que for possível será feito para mantê-la viva, porque é disso que ela precisa mais.[7]

Os ajudadores leigos cristãos sabem que não estão sozinhos em suas atividades de ajuda. Temos o Espírito Santo em nós, que é uma fonte divina de força e sabedoria, guiando-nos enquanto falamos com as pessoas perturbadas. Precisamos ser ajudadores que oram pelos ajudados e por nós mesmos enquanto buscamos ser amigos para essas pessoas com problemas e que estão tentando enfrentar suas crises.

Essa amizade é freqüentemente o primeiro passo para testemunhar, discipular e mostrar ao indivíduo como ele pode ter uma vida plena (Jo 10.10) apesar das dificuldades presentes.

Fazendo encaminhamentos

Embora os ajudadores de iguais sejam em geral extremamente úteis para evitar suicídios e fazer as pessoas atravessarem as crises, eles nem sempre terão condições de resolver com sucesso todos os problemas; todos nós precisamos às vezes encaminhar um paciente a outra pessoa mais habilitada para lidar com o caso. *Um dos meios mais significativos de ajudar pessoas é encaminhá-las e, algumas vezes, levá-las a fontes de recursos mais competentes.* Fazer isso não é uma admissão de fracasso, mas um reconhecimento maduro de que nenhum de nós pode ajudar todo mundo. Muitos podem obter melhor assistência de alguém com treinamento especializado ou perícia numa área em que nos falta competência. Se estivermos realmente interessados em ajudar as pessoas, não iremos resistir à idéia de fazer encaminhamentos.

Suponhamos, por exemplo, que ficamos sabendo de um jovem que tomou *overdose* de comprimidos. Evidentemente, não sentaremos ao lado dele mostrando-lhe empatia e calor humano. Precisamos levá-lo a um hospital, entrar em contato com seu médico, se possível, e depois tentar fazer contato com um parente. O objetivo imediato é conseguir cuidados médicos o mais depressa que pudermos. Se não tivermos condições de levar a pessoa, talvez tenhamos de chamar uma ambulância, a polícia, ou um centro local de prevenção de suicídios, e pedir sua intervenção.

Essa necessidade de encaminhamento também ocorre em ambientes menos dramáticos. Geralmente, nossa tarefa é oferecer apoio e encorajamento a curto prazo enquanto encaminhamos o paciente para alguém que possa ajudar melhor. Para isso, procure manter em mente as respostas para três perguntas básicas: Quando devo encaminhar? Para onde encaminhar? Como encaminhar?

Quando devo encaminhar

Houve uma época, há vários anos, em que, habitualmente, os ajudadores profissionais sugeriam que todos os problemas de aconselhamento deveriam ser encaminhados. Porém, quando a pesquisa começou a mostrar a eficácia dos ajudadores paraprofissionais e o número insuficiente deles, muitos começaram a concluir que o encaminhamento nem sempre seria a melhor decisão. Algumas vezes é mais importante que o ajudador dedicado fique com o paciente, talvez com recomendações adicionais por parte de um profissional mais experiente ou conselheiro pastoral.

Não obstante, o encaminhamento é necessário quando falta ao ajudador atual o tempo, energia, estabilidade emocional, ou habilidade e experiência para continuar o aconselhamento. Como regra, devemos encaminhar sempre que não pareçamos estar ajudando alguém a lidar com um problema, quando estamos confusos ou paralisados e não temos certeza do que fazer em seguida, ou quando fica claro que nosso paciente não está mudando e crescendo. Mais especificamente, é importante procurar ajuda externa para os pacientes que:

- estão em dificuldades legais;
- têm graves necessidades financeiras;
- exigem cuidados médicos;
- estão severamente deprimidos ou com intenções suicidas;
- parecem estar perdendo o controle sobre seu comportamento, pensamentos, ou emoções;
- exigem mais tempo ou energia emocional do que podemos dar;
- querem mudar de ajudador;
- mostram comportamento extremamente agressivo;
- fazem uso excessivo de álcool ou outras drogas;
- têm sentimentos fortes de antipatia, são sexualmente estimulados, ou ameaçam o ajudador;

- têm um problema que parece estar piorando apesar de sua ajuda;
- têm problemas que ultrapassam o treinamento ou habilidade de ajuda do ajudador; e/ou
- parecem estar severamente perturbados.

Algumas vezes é fácil perceber uma pessoa com distúrbios graves, mas em outras situações o distúrbio é menos evidente. Um escritor deu a seguinte lista concisa de sintomas que podem indicar a presença de distúrbios severos:

1. As pessoas acreditam (sem qualquer base na realidade) que outros estão tentando fazer-lhes mal, atacá-las sexualmente, ou influenciá-las de maneira estranha.
2. Têm ilusões de grandeza sobre si mesmas.
3. Mostram mudanças súbitas em seus padrões típicos de comportamento.
4. Têm alucinações, ouvindo sons ou vozes inexistentes, ou vendo pessoas ou coisas inexistentes.
5. Têm idéias rígidas, bizarras ou temores que não podem ser influenciados pela lógica.
6. Envolvem-se em padrões repetitivos de atos compulsivos ou pensamentos obsessivos.
7. São desorientadas (não têm percepção do tempo, lugar ou identidade pessoal).
8. Estão deprimidas a ponto do quase-estupor ou estranhamente eufóricas e/ou agressivas.
9. Retiram-se para o seu mundo interior, perdendo interesse nas atividades normais.[8]

Quando surgem sintomas desse tipo, o encaminhamento seria uma alternativa prudente.

Para onde encaminhar

Os ministros e ajudadores profissionais possuem quase sempre um arquivo de pessoas e lugares para onde encaminhar os pacientes. O ajudador leigo geralmente não possui essa informação, mas é possível obter sugestões se entrarmos em contato com um conselheiro local experimentado. Nas regiões mais distantes as escolhas podem ser limitadas, mas nos grandes centros metropolitanos as possibilidades são quase infinitas.

Os profissionais liberais, como psiquiatras, psicólogos, conselheiros profissionais licenciados e assistentes sociais psiquiátricos licenciados, em geral, representam a primeira linha de ação. Não limite, porém, encaminhamentos a esses profissionais. Algumas vezes o paciente precisa de um bom clínico geral, dentista, advogado, ou banqueiro para resolver um problema. Com freqüência, a pessoa necessitada pode obter a maior ajuda por parte de um pastor. Ao contrário da maioria dos pastores, os profissionais de saúde costumam cobrar honorários altos, e isso pode pesar na questão do encaminhamento. Lembre-se também de que os profissionais quase sempre se juntam em clínicas ou grupos que podem prover diversos tipos de ajuda.

As agências comunitárias são outra fonte de ajuda. Algumas delas, tais como clínicas de saúde mental, hospitais psiquiátricos, ou ambulatórios psiquiátricos para pacientes externos num hospital geral, lidam principalmente com problemas pessoais. As clínicas de casamento, como é claro, tratam dos casamentos perturbados, e os centros de drogados têm igualmente uma área específica de atuação. Centros de orientação vocacional, agências de emprego, sociedades que oferecem ajuda jurídica, agências de bem-estar social, e outras agências de serviço social oferecem ajuda comunitária, geralmente a um preço irrisório. Grupos como a sociedade para cegos ou a sociedade local para crianças com atraso mental não devem ser esquecidos, nem os serviços governamentais que atuam nessas áreas. Os departamentos de bem-estar mantidos pelo Estado podem muitas vezes oferecer orientação para encontrar fontes de encaminhamento no governo e fora dele.

As organizações leigas podem ser também úteis no encaminhamento. Alcoólicos Anônimos, por exemplo, é, em geral, um bom lugar para encaminhar o viciado em bebidas que deseja curar-se. A Al-Anon têm também grupos de apoio para o cônjuge e filhos dos alcoólatras. Em anos recentes, vários grupos de recuperação surgiram para dar apoio, orientação e programas de doze passos para a recuperação de quase qualquer problema. Os programas de dieta alimentar procuram ajudar na perder peso. Há grupos que dão apoio a ex-pacientes mentais. Grupos credenciados de auto-ajuda podem ser encontrados nas listas telefônicas (consulte também os conhecidos pelos líderes de sua igreja). Nos últimos anos, muitas igrejas formaram grupos de apoio e recuperação com uma definida orientação cristã. Esses grupos se reúnem nas casas particulares ou nos prédios das igrejas. Isso leva a uma importante pergunta que se os ajudadores cristãos devem fazer a si mesmos: Como a religião é vista pelo conselheiro ou grupo a quem faço encaminhamentos?

Estamos fazendo uma suposição injusta se concluirmos que todos os conselheiros não-cristãos se opõem à religião e estão decididos a destruir a fé dos pacientes, mas é verdade que isso acontece às vezes. É também verdade que muitos psicólogos ou outros profissionais cristãos podem usar uma abordagem terapêutica que difere muito pouco da abordagem dos conselheiros não-cristãos. Já que nosso desejo é fazer que os indivíduos se tornem discípulos e discipuladores, é difícil ver como pode ser feito progresso em direção a esse alvo se o conselheiro tem objetivos apenas seculares, ou se nunca ouviu falar de discipulado.

Não vamos esquecer, no entanto, que Deus é soberano e poderoso. Ele não exige que as pessoas — você e eu, inclusive— tenham um perfeito conhecimento de teologia antes que faça uso de nós para tocar vidas. Se examinarmos as Escrituras, descobriremos que Deus às vezes usa os incrédulos para cumprir seu divino propósito. Um conselheiro não-cristão, como um médico ou advogado, pode usar às vezes sua habilidade profissional para guiar um paciente durante uma crise, ou ajudar na reestruturação de uma personalidade. Ambas as coisas poderão levar a pessoa a um ponto em que estará pronta para aceitar Cristo e vir a tornar-se um discípulo. Às vezes, os problemas físicos e psicológicos devem ser tratados antes que possamos abordar o espiritual, e já indicamos anteriormente que todos esses aspectos da personalidade são importantes.

Não obstante, encaminhar alguém para um conselheiro nãocristão ou sem compromisso pode ser perigoso, e, por essa razão, toda tentativa deve ser feita para encontrar alguém que siga os princípios de terapia com base bíblica. Para sermos realistas, devemos reconhecer que tais pessoas são raras, e às vezes teremos de aceitar um grupo profissional ou de apoio que não seja cristão, mas que não tenha uma atitude crítica com respeito à religião. Deus às vezes usa pessoas assim para realizar curas que finalmente permitem que o paciente cresça.

Como encaminhar

O encaminhamento nem sempre é bem aceito pelo paciente, especialmente se ele procura você especificamente para ajudá-lo, e se um bom relacionamento se desenvolveu. É então importante que ele não se sinta rejeitado ou "passado" para outra pessoa. A fim de tornar o processo de encaminhamento o mais fácil possível, várias diretrizes devem ser lembradas.

Primeiro, envolva o paciente na decisão de fazer o encaminhamento. Lembre-se de que vocês dois são parceiros, tentando resolver juntos os problemas. Devem decidir juntos como os problemas podem ser solucionados mais eficazmente e como isso pode requerer outro ajudador. Se você for o primeiro a sugerir o encaminhamento, faça isso com gentileza, dando ao ajudado tempo suficiente para responder.

Algumas vezes ele vai ficar decepcionado ou zangado com a idéia de uma mudança. Geralmente você pode evitar isso sugerindo desde o início aos seus pacientes que os encaminhamentos são às vezes a melhor decisão. Se mencionar isso logo, bem antes que o encaminhamento se faça necessário, a idéia será então menos perturbadora ou surpreendente quando e se mencioná-la mais tarde.

Segundo, o ajudador pode preparar o caminho para a mudança, descobrindo quais os recursos disponíveis na comunidade, qual o seu custo e se eles têm ou não uma lista de espera. É quase sempre melhor que o próprio paciente marque a consulta com o novo conselheiro, embora essa não seja uma regra rígida.

Terceiro, discuta o relacionamento que terão depois do encaminhamento. Nos círculos profissionais, o ex-conselheiro geralmente se afasta quando o novo passa a fazer a orientação. No aconselhamento pastoral ou de iguais, porém, isso nem sempre é necessário. Pode haver ainda contato, especialmente de modo amigável, de apoio, ou pastoral, embora o novo conselheiro ou grupo passe geralmente a aceitar a responsabilidade praticamente total da ajuda.

Encaminhamentos bíblicos

A idéia de fazer encaminhamentos é tão antiga quanto a Bíblia. Talvez o exemplo mais interessante tenha ocorrido quando os filhos de Israel estavam acampados ao pé do monte Horebe em meados das suas viagens pelo deserto (Êx 18). Moisés descobriu que estava gastando todo o seu tempo julgando o povo, ouvindo reclamações e resolvendo disputas. É claro que esse aconselhamento era na maior parte legal, mas talvez alguns problemas pessoais fossem também levados a ele.

Jetro, sogro de Moisés, estava de visita na ocasião, e observou tudo aquilo com crescente preocupação, porque o genro estava aparentemente se desgastando na ajuda ao povo (Êx 18.18). Jetro interferiu, dando-lhe alguns conselhos. Ele sugeriu: Escolha alguns auxiliares capazes, tementes a Deus. Encontre pessoas confiáveis, honestas, sempre disponíveis e dispostas a ajudar com o aconselhamento. Quando os problemas forem difíceis demais, esses auxiliares encaminharão o caso para um conselheiro mais experimentado (Êx 18.26).

Esse é um bom modelo para hoje. Homens e mulheres de Deus hábeis, cheios do Espírito, têm o privilégio de ajudar. Mas esse privilégio inclui a responsabilidade de encaminhar os casos difíceis a outros mais especializados. O encaminhamento é, quase sempre, a melhor maneira de ajudar.

Notas

1. John Q. Baucom, *Fatal Choice: The Teenage Suicide Crisis* Chicago: Moody, 1986), 2.

2. Abimeleque (Jz 9.53, 54), Sansão (Jz 16.28-31), Saul (1Sm 31.1-6), Aitofel (2Sm 17.23), Zinri (1Rs 16.18), o escudeiro de Saul (1Cr 10.4, 5), e Judas Iscariotes (Mt 27.3-5).

3. L.I. Dublin, "Suicide Prevention", em *On the Nature of Suicide,* ed. E.Se. Shneidman (San Francisco: Jossey Bass, 1969).

4. Para informação mais detalhada sobre o suicídio, consulte um bom livro de psicopatologia ou publicações técnicas como as seguintes: George E. Murphy, "Suicide and Attempted Suicide", seç. 71 em *Psychiatry*, ed. Robert Michels, et al. (Filadélfia: Lippincott, 1992); ou Alec Roy, "Suicide", em *Comprehensive Textbook of Psychiatry*, 5a. ed., eds. Harold I. Kaplan e Benjamin J. Sadock (Baltimore: Williams & Wilkins, 1989), 1414-27.

5. Robert C. Carson e James N. Butcher, *Abnormal Psychology and Modern Life*, 9a. ed. (New York: HarperCollins, 1992), 412. Para mais informação sobre o suicídio de jovens, veja Alan L. Berman e David A. Jobes, *Adolescent Suicide: Assessment and*

Intervention (Washington, d.C.: American Psychological Association, 1991); ou Anthony T. Mitchel, *Suicide: Knowing When Your Teen Is at Risk* (Ventura, Calif.: Regal Books, 1991).

6. Kenneth I. Pargament, Kenneth I. Maton e Rober E. Hess, eds., *Religion and Prevention in Mental Health: Research, Vision and Action* (Binghamaton, N.Y.: Haworth Press, 1992), 71-72.

7. C.J. Fredrick e L. Lague, *Dealing with the Crisis of Suicide.* Public Affairs Pamphlet 406A, New York, 1972.

8. Howard Clinebell, *Basic Types of Pastoral Care and Counseling*, rev. ed. (Nashville: Abingdon, 1984), 312-13.

9

Ajuda por telefone

Do meio de uma alta ponte numa comunidade oriental, o centro de saúde local instalou um telefone abaixo de um cartaz com letras graúdas, dizendo: "DESESPERADO? A vida vale a pena ser vivida! Disque para a LINHA DE AJUDA. Disponível 24 horas por dia".

Não sei se muitas pessoas desesperadas usaram aquele telefone, desistindo assim de pular da ponte. Mas sabemos que as linhas telefônicas do tipo "disque-para-obter-ajuda" e outros serviços de aconselhamento têm estado em operação há anos desde que foram introduzidos na Inglaterra e Austrália.

Em 1958, quando o Centro de Prevenção de Suicídios de Los Angeles foi estabelecido, os fundadores usaram o telefone como um instrumento mediante o qual as pessoas podiam ser aconselhadas. Estima-se que existam agora várias centenas de clínicas de aconselhamento por telefone só nos Estados Unidos. Elas incluem aconselhamento pastoral, prevenção de suicídio, controle de envenenamento, linhas para adolescentes, informação sobre drogas, aconselhamento sobre gravidez, contato para os idosos, e uma variedade de outros serviços úteis que a pessoa recebe de graça via telefone. Além disso, literalmente milhares de programas de rádio convidam os ouvintes a usar o telefone para compartilhar seus problemas com conselheiros profissionais e outros especialistas que dão conselhos no ar—entre as pausas da emissora e interrupções para os comerciais.[1]

Alguns conselheiros profissionais criticam esse tipo de cuidado e afirmam que não existem pesquisas para mostrar que a terapia por telefone funciona.² Mas falta a muitos a coragem ou o dinheiro para obter aconselhamento pessoalmente. É mais fácil e menos ameaçador ou embaraçoso conversar por telefone com um estranho. Quem chama pode sentir-se no controle, não é sempre necessário dar o nome e é sempre possível desligar. Em geral, os indivíduos buscam aconselhamento face a face depois de darem o primeiro passo falando com um conselheiro anônimo por telefone. Para muitos, especialmente os idosos e inválidos que não podem ir ao consultório de um conselheiro, os telefones são a única fonte de ajuda.

A singularidade da ajuda por telefone

Há alguns anos, durante uma visita prolongada à Suíça, minha família e eu morávamos num agradável chalé que não tinha telefone. Essa foi uma experiência única e tão relaxante que tentei—sem sucesso—convencer minha família a retirar nosso telefone quando voltamos para casa. Alguns dos argumentos que recebi a favor de manter o aparelho foram muito convincentes. É um meio de manter-se em contato com amigos e parentes, é quase indispensável nas emergências quando necessitamos de ajuda imediata, e é conveniente para obter informação ou fazer compras. O mundo dos negócios, educação e governo dificilmente sobreviveria sem o telefone, e nem a maioria dos indivíduos—pelo menos nos países desenvolvidos, como os Estados Unidos.

É surpreendente, portanto, que o aconselhamento por telefone quase nunca seja mencionado nos livros de aconselhamento ou artigos de revistas, embora esse possa ser um dos tipos mais comuns de ajuda às pessoas. A ajuda por telefone é conveniente, especialmente nas emergências, e de grande valor para aqueles cujo estilo de vida e problemas os impedem de procurar aconselhamento face a face. Para ser um conselheiro leigo eficaz, o cristão deve ter alguma idéia de como o aconselhamento por telefone funciona e deve conhecer suas limitações.

A conveniência da ajuda por telefone

Quantos telefones há em sua casa? É provável que haja mais de um, e talvez até mais de uma linha e número de telefone. Chegamos ao ponto de compreender que "a ajuda está tão perto quanto o telefone", e por várias razões isso torna a ajuda telefônica muito conveniente.

A ajuda por telefone é menos ameaçadora

Quando fala por telefone, o aconselhado sente-se menos ameaçado porque está no controle da situação. É ele quem disca o número, sabendo que é fácil desligar caso se sinta desconfortável ou não goste da personalidade ou perguntas do conselheiro. Na maioria das vezes, os aconselhados sentem-se mais confortáveis falando da segurança de sua casa, em lugar do consultório de uma clínica pouco familiar, residência pastoral, ou sala de um amigo. Para as pessoas que temem ser encurraladas por um conselheiro, o telefone é "o único meio disponível". É uma maneira segura de buscar ajuda.

A ajuda telefônica pode ser anônima

O telefone permite também que a pessoa conserve o anonimato. Alguns indivíduos sentem-se tão ameaçados pelo contato face a face que não querem sequer dizer o nome. É difícil permanecer anônimo ao falar com alguém em pessoa (embora isso aconteça às vezes em aviões, quando a pessoa desabafa seus problemas com o ocupante da poltrona vizinha, segura de que não haverá provavelmente um contato futuro depois que ambos os passageiros forem engolidos pelas multidões e corredores do próximo terminal aéreo). Quando você usa o telefone, porém, especialmente se liga para uma clínica, ou uma emissora de rádio que ofereça esse tipo de serviço, é possível conversar sobre detalhes íntimos de sua vida sem arriscar rejeição por alguém que conhece sua identidade. Mesmo quando os amigos estão falando entre si, o telefone cria uma distância segura. Em meus dias de solteiro, eu preferia usar o telefone sempre que convidava uma garota para sair por ser menos embaraçoso para mim se ela recusasse.

A ajuda por telefone fica à disposição

Há ocasiões em que o aconselhamento por telefone é a única fonte de ajuda disponível. As pessoas doentes e sem transporte, ou as que estão a muitos quilômetros de um conselheiro, talvez achem que conversar pelo telefone seja a maneira mais fácil de obter ajuda. Assim também, o adolescente da faculdade que telefona para a mãe para falar de seus problemas pode estar usando o melhor meio à sua disposição. As pessoas utilizam igualmente o telefone quando a presença de um conselheiro não seria apropriada. Um colega meu recebeu certa vez um telefonema de um ex-aluno que acabara de casar. O casal estava tendo algumas dificuldades em ajustar-se sexualmente durante a primeira noite de sua lua-de-mel; portanto, decidiram telefonar para seu velho professor de psicologia—um interurbano, às duas da manhã. (Isso realmente aconteceu!) O professor encorajou-os e deu-lhes algumas instruções numa situação em que o aconselhamento telefônico, sem dúvida, era a melhor abordagem a ser feita.

A ajuda por telefone poupa tempo

Até mencionamos as conveniências do telefone para o *aconselhado*, mas esse tipo de ajuda também tem suas vantagens para o *conselheiro*, especialmente quando este é um não-profissional que não se preocupa com honorários ou entrevistas. O aconselhamento telefônico pode quase sempre poupar ao conselheiro o tempo e a inconveniência de marcar uma entrevista. Ele pode usar o telefone para "manter-se em contato" com os pacientes, fazendo a eles telefonemas constantes para manter contato e mostrar interesse. Quando o conselheiro leigo não consegue encontrar-se pessoalmente com o paciente, uma breve conversa telefônica pode ser tudo o que é necessário. Isso se aplica especialmente nos períodos de crise, quando o ajudado precisa saber que alguém se preocupa, quando não é prático ter entrevistas diárias. A natureza anônima das conversas telefônicas pode ser também valiosa de um modo diferente:

> O terapeuta por telefone [...] será muito mais parecido com o ideal do paciente do que o terapeuta pessoal, já que o paciente só verá uma parte da realidade. Por telefone, não recebemos, sobre a pessoa, nenhuma das pistas visuais que recebemos no contato face a face. Não temos idéia da aparência da pessoa com quem falamos, nem podemos ver suas expressões faciais e, por último, não vemos qualquer linguagem corporal que indique seus pensamentos, sentimentos e personalidade, como aconteceria no contato face a face [...]. O contato por telefone, muito mais que a entrevista pessoal, permite ao paciente fazer do terapeuta o que quiser [e] o de que *necessita*.³

Emergências e ajuda por telefone

O aconselhamento por telefone é mais útil durante *emergências*. Ao usar o telefone, quem faz o chamado pode obter ajuda rápida, sem ter de passar por toda a burocracia de marcar uma entrevista, ir até onde o conselheiro, ou, no caso de clínicas profissionais, encher formulários e colocar o nome numa lista de espera. O telefonema supera todas essas barreiras. Ele pode resultar em ajuda imediata e pôr a pessoa em contato com alguém que possa incutir esperança e trazer objetividade a uma situação tensa.

Muitos descobriram que é terapêutico ter alguém a quem possam chamar quando há necessidade. O adolescente que sabe que é sempre possível telefonar para o líder da igreja ou para o treinador de basquete pode talvez nunca dar esse telefonema, mas ele sente-se melhor por saber que obterá ajuda caso haja necessidade.

Quer estejam enfrentando uma emergência, quer não, algumas pessoas se beneficiam do aconselhamento por telefone porque sua personalidade não permitirá que tenham qualquer outro tipo de ajuda. As pessoas que vivem só, por exemplo, são algumas vezes incapazes de enfrentar contatos íntimos, face a face com outras pessoas, mas conseguem falar por telefone. Da mesma forma, a pessoa desesperada é muitas vezes confundida e vencida pelas circunstâncias, mas um contato telefônico pode ser um meio seguro de obter ajuda. Os adolescentes, por exemplo, têm, algumas vezes, dificuldade em admitir sua vulnerabilidade e necessidade de auxílio, mas um contato telefônico é menos ameaçador e, em geral, os dirige para a ajuda de que precisam.

Limitações da ajuda por telefone

Os cursos de aconselhamento enfatizam que o conselheiro deve observar o aconselhado, assim como ouvir o que ele diz. Podemos aprender muito sobre as pessoas, observando como elas estão vestidas, como cuidam de si mesmas fisicamente, como andam, ou como se sentam na cadeira. As expressões faciais, indicações de tensão, movimento corporal, lágrimas, ou maneira de respirar são pistas não-verbais que nos ajudam a compreender o paciente e formam mais depressa um relacionamento. Além disso, ao observar gestos, acenos de cabeça e movimentos dos olhos, o ajudador pode ter uma boa idéia se o ajudado está ou não ouvindo e tentando compreender.

No momento em que começamos a falar ao telefone, todos esses vestígios visuais desaparecem (pelo menos até que haja muitos telefones com imagens), e isso apresenta problemas para todos. Já que não pode ver o conselheiro, a pessoa não sabe como a informação compartilhada está sendo recebida. De acordo com o que já mencionamos, isso é confortável para certos pacientes, especialmente se estiverem discutindo comportamento embaraçoso ou pecaminoso. Mas pode ser também confortador saber que o conselheiro aceita você, é compreensivo, e está dando atenção concentrada ao que está sendo dito. Quem telefona não vê isso; portanto, o conselheiro deve demonstrar sua compaixão e empatia verbalmente.

Da mesma forma que aquele que chama, o conselheiro por telefone fica também em desvantagem. Longe das pistas não-verbais, ele deve ouvir com cuidado não só o que está sendo dito, mas também coisas como tom de voz, hesitações, mudanças de volume ou velocidade, suspiros, tremores da voz, ou qualquer outros sons que possam revelar algo a respeito do indivíduo. Se for um estranho, pode ser difícil saber o sexo ou a idade da pessoa; e, como é natural, não temos idéia sobre como está vestida ou de seus maneirismos não-verbais. Algumas vezes, portanto, temos de perguntar o que precisamos saber—qual a idade, por exemplo, ou se está chorando.

A conduta do conselheiro leigo ao telefone também faz diferença. Precisamos usar, ocasionalmente, respostas como "am-ram", "certo", para mostrar que estamos ouvindo e projetar empatia, calor e sinceridade mediante nossas palavras e tom de voz. Um tom monótono, desinteressado, não mostra muito que nos importamos. Mais uma vez, porém, o valor de "fazer o que é natural" deve ser enfatizado. Quando os conselheiros realmente se importam, sua voz transmite isso. Se dão pouca importância, isso também vai ficar claro.

Outro problema com o aconselhamento telefônico é a tendência de envolver-se em conversas superficiais, e não na verdadeira ajuda.

Até certo ponto, a diferença entre prosa e aconselhamento não é tão grande assim. Conversar socialmente com um amigo pode ser muitas vezes terapêutico, especialmente para as pessoas solitárias ou necessitadas de apoio, mas o aconselhamento geralmente envolve algo mais. Existe um problema a ser tratado, e o conselheiro deve ser objetivo e disposto a confrontar, ensinar ou guiar se necessário. Isso nem sempre é possível quando um telefonema não passa de um contato social associado geralmente a conversas telefônicas.

Ajuda telefônica prática

Um anúncio numa estação de rádio de Filadélfia recomendava às pessoas que entrassem em contato com um serviço de aconselhamento telefônico que prometia "curar a timidez grave, os ataques de pânico e fobias de todo tipo", assim como dar ajuda em caso de "qualquer outro problema que você possa ter".

O anúncio provocou uma tempestade de controvérsias entre os conselheiros profissionais que continuam a contestar a idéia de que problemas graves possam ser cuidados mediante terapia por telefone.

A maioria dos conselheiros leigos, porém, concordaria em que essa ajuda telefônica pode comunicar empatia e desejo de compreender os problemas de quem chama. Em geral as pessoas precisam de informação, afirmação, esperança em meio às crises, orientação e da compreensão de que há alguém que se importa. Tudo isso é transmitido todos os dias por conselheiros leigos que usam o telefone.

Há vários anos, um artigo publicado deu algumas diretrizes práticas para a pessoa que faz aconselhamento por telefone. "Você só é limitado por sua engenhosidade", escreveu o autor. Dentro desse limite pode fazer o seguinte:

> Você pode ouvir. Pode ser uma experiência rara para seu interlocutor. Ele talvez esteja aprendendo algo só por ter a chance de conversar livremente [...] Seja você mesmo. Pessoas com problemas precisam de outras. Você pode mobilizar recursos, tanto em outros como para outros. Quem telefona, em geral, possui a resposta, ou os meios para criá-la, mas não consegue perceber isso. Você pode ajudá-lo a descobrir a resposta, ajudando a enfocar a questão a ser respondida. Pode também mobilizar recursos para ele, no sentido de fazer encaminhamentos, contatos com outras agências, chamar um amigo ou ministro para prestar socorro, marcar um encontro para a manhã seguinte etc.
>
> Você pode aprender quais são seus próprios limites quando é necessário mobilizar recursos para si mesmo—quando pedir socorro. Apele sempre para a generosidade quando falar com as pessoas [...] Pode mostrar simpatia, fazer perguntas, esclarecer, sugerir, informar, mostrar-se interessado![4]

Apesar de seus aspectos singulares, há muito no aconselhamento telefônico que não é diferente de qualquer outra ajuda às pessoas.

Fique alerta aos problemas do aconselhado

Isso significa perguntar a si mesmo: Por que ele está telefonando? Que tipo de ajuda é necessário? O que posso fazer? Muitas vezes, é claro, não sabemos qual é o verdadeiro problema, portanto procuramos conjeturar e depois tentamos obter os fatos que provarão ou não nossa hipótese. Com o tempo uma visão mais clara do problema surgirá.

Seja sensível aos sentimentos do aconselhado

Como a pessoa está reagindo emocionalmente? Mostra-se deprimida, ansiosa, embaraçada, na defensiva, irada, desconfiada, ou expressa esperança? Ela parece extremamente serena ou desprovida de emoções? O que dizer da intensidade ou adequação dos sentimentos? Em tudo isso, o conselheiro fica refletindo sobre o que esses sentimentos podem significar ou o que eles podem dizer sobre o aconselhado.

Fique atento aos pensamentos do aconselhado

Qual o problema dele? Será que tem alguma idéia sobre o que pode estar causando o problema ou como ele pode ser resolvido? O que já foi tentado antes? À medida que o aconselhado fala, fique alerta para sinais de tensão como palavras desconexas, falta de clareza, dificuldade em concentrar-se, ou uma tendência para precipitar-se em conclusões falhas. Lembre-se de que Deus nos fez criaturas racionais, mas que, com freqüência, não pensamos muito racionalmente, em especial quando estressados. *O que* a pessoa pensa e *como* pensa podem ser pistas para a natureza do problema.

Seja sensível às ações do aconselhado

Os problemas surgem algumas vezes por causa das palavras, atos ou comportamento pecaminoso de outras pessoas, mas outras vezes a falha é realmente nossa. Podemos ter uma atitude do tipo, "coitado de mim, ninguém se importa comigo" e queixar-nos de sermos vítimas do destino ou da insensibilidade de outros, enquanto talvez nossas próprias atitudes e atos é que estejam afastando as pessoas e nos tornando infelizes. Nem todos os problemas são, porém, culpa nossa. O pecado pode trazer-nos dificuldades, assim como o comportamento inconsistente e atos derrotistas. Uma senhora que temia estar perdendo a filha casada, tentou impedir isso agindo de modo sufocante e exigente. A filha naturalmente resistiu e recuou. A mãe por sua vez tornou-se mais exigente de amor e atenção, a ponto de afastar completamente a filha. Com essa atitude, a mãe provocou exatamente o resultado que ela mais temia.

Fique alerta para erros comuns ao conselheiro

A ajuda telefônica tem várias armadilhas que devemos procurar evitar. Muitas delas são também encontradas no aconselhamento face a face. Considere, por exemplo, a tendência para enfatizar excessivamente as perguntas. Essa é talvez a armadilha mais fácil em que caímos. Você pode desde o início adotar uma rotina de perguntas e respostas que o faz procurar desesperadamente novas perguntas a fim de poder continuar a entrevista. O ajudado, por sua vez, começa a supor que, desde que obtenha toda essa informação, você vai apresentar um diagnóstico conciso do problema e ainda com respostas para as suas perguntas. Como vimos, é melhor fazer perguntas abertas—do tipo que não pode ser respondido com uma ou duas palavras. "O que tem acontecido ultimamente?". Ou: "O que você tem sentido?" (é melhor do que perguntar: "Você está deprimido?"). Mantenha a linguagem simples e não tema fazer uso de comentários incentivadores como: "Conte mais. O que aconteceu então?"; ou: "Isso deve ter feito você sentir alguma coisa".

Outro erro comum é a ânsia de encontrar soluções rápidas. O aconselhado pode estar lutando com seu problema há muito tempo. Portanto, por que você deve pensar que é possível resolvê-lo em dez ou quinze minutos? É melhor relaxar e pôr toda a ênfase inicial em ouvir.

É útil também que o conselheiro evite clichês. Eles são em geral usados com boa fé, mas podem ser muito aborrecidos. "Sei como você se sente. Não se preocupe com isso. Você vai superar." Ou: "Lembre-se de que todas as coisas cooperam para o bem. Ore a respeito". Essas declarações não ajudam muito a pessoa sob tensão. Algumas vezes esses clichês são acompanhados de um pequeno sermão ou dose de conselho. É claro que as intenções são boas, mas raras vezes são seguidas; além de, na maioria das vezes, refletirem insegurança da parte de um conselheiro que não sabe mais o que dizer.

Por mais surpreendente que seja, os conselheiros e aconselhados cometem por vezes o erro de evitar completamente um problema. É difícil falar sobre o fim do casamento do aconselhado, sobre fracasso no emprego, ou sobre filhos rebeldes e, portanto, falamos às vezes do tempo, de esportes, ou de política. Há vários anos alguém me deu uma pequena estatueta de metal de um conselheiro sentado numa cadeira com um paciente no divã. Coloquei-a sobre minha mesa. Em pouco tempo descobri que ela representava mais que uma simples conversação. Era um bom tópico para discussão: ela não representava o estabelecimento de um entendimento (como eu imaginava), tanto quanto revelava o desvio da atenção das discussões mais penosas, embora necessárias, dos problemas do aconselhado.

Jogos usados pelos conselheiros amigos

Há muitos anos, um psiquiatra chamado Eric Berne escreveu um livro popular intitulado *Games people play* [publicado no Brasil com o título *Os jogos da vida*, pela Editora Artenova em 1974]. Tomando de empréstimo de Berne, poderíamos citar vários jogos usados pelos conselheiros—quer estejam falando ao telefone, quer não.[5]

- *Jogo 1*. "Preciso dizer uma coisa." Essa atitude indica que temos de responder rapidamente, embora tais respostas sejam às vezes superficiais e pouco realistas. É melhor ouvir mais tempo.
- *Jogo 2*. "É melhor eu não dizer o que estou pensando, ou poderia acontecer." Isso chega quase à superstição. É a

idéia de que não devemos levantar questões sobre suicídio, possível fracasso, morte, ou a possibilidade de o paciente ter de envolver-se num processo de divórcio, para que isso não abale o paciente e/ou faça que o fato temido venha a acontecer. Os aconselhados dificilmente são assim tão sensíveis. Se um conselheiro pensa numa possível crise, o aconselhado provavelmente pensou nela também e poderia gostar da oportunidade de discutir abertamente o problema.

- *Jogo 3.* "Se eu apenas soubesse um pouco mais, poderia ajudar." Isso pode ocultar um medo de fracasso por parte do ajudador que, por sua vez, procura mais informação, ou talvez um texto bíblico que seja a chave para trazer à tona o problema e promover a saúde mental imediata. Ajudar pessoas é difícil. Ajudador e ajudado devem procurar juntos as respostas, mas é difícil encontrar uma pepita de discernimento tão dourada que resolva a dificuldade rápida e eficientemente.

- *Jogo 4.* "*Deve haver uma resposta, se eu pelo menos conseguir pensar numa.*" Podemos nos sentir grandemente frustrados se quisermos apresentar uma solução direta, autoritária para cada problema. Nossa tarefa é ser instrumento do Espírito Santo para ajudar pessoas perturbadas. Ele muitas vezes nos levará a uma passagem das Escrituras ou a um princípio bíblico que fala diretamente ao problema, mas isso nem sempre acontece. Não existem respostas prontas para muitas das questões que encontramos como ajudadores; portanto, nossa meta é ficarmos disponíveis a fim de que o Espírito Santo opere por nosso meio para obter mudança e cura que estejam de acordo com os ensinamentos das Escrituras.

- *Jogo 5.* "*Deve haver alguém que possa ajudar.*" Isso é provavelmente verdade, e por essa razão o encaminhamento pode ser prudente. Lembre-se, porém, de que em muitas situações os conselheiros leigos podem ser eficazes; o "alguém" útil pode ser você.

- *Jogo 6. "Sou um conselheiro empático, cordial, compreensivo e sempre competente."* Isso é o que todos nós queremos ser, mas na realidade somos seres humanos falíveis que cometemos erros, até mesmo erros graves de aconselhamento. Quando isso acontece, pedimos ao Senhor que nos perdoe, muitas vezes pedimos também perdão aos aconselhados e continuamos determinados a não cometer novamente o mesmo engano.

Lidando com pessoas problemáticas por telefone

Os telefones podem ser acessados 24 horas por dia, e isso pode criar problemas. As secretárias eletrônicas ajudam a filtrar os chamados, mas mesmo assim é difícil lidar com o que pode ser rotulado de chamados sutis, crônicos, silenciosos, ou obscenos.

O indivíduo sutil

Essa pessoa quer ser realmente ajudada, mas não tem coragem ou disposição para ser direta e admitir o problema. Algumas vezes, telefonam para dizer que querem falar sobre o problema de um amigo. É melhor aceitar isso a princípio; mas, geralmente, o "amigo" é, na verdade, o indivíduo que está telefonando. Outras vezes, você pode receber um chamado solicitando informações sobre suicídio, gravidez, Aids, depressão ou outro assunto qualquer. Esse indivíduo acredita que são pedidos legítimos de informação. Entretanto, a pessoa que está ao telefone é quem tem realmente o problema. Em certas ocasiões, quem telefona pode desligar quando você atende, provalmente por ter perdido a coragem ou porque quer verificar o seu tom de voz antes de falar. Essas pessoas geralmente voltam a telefonar mais tarde.

Algumas vezes, quem telefona pode mostrar-se hostil ou zombar de pessoas como ele que pedem ajuda. Essa pode ser uma defesa que reflete seu desconforto. Ao reagir de maneira agradável ou séria, o conselheiro pode chegar mais depressa ao problema.

De modo geral, os telefonemas sutis são feitos por pessoas que esperam realmente obter esperança, empatia e compreensão para os problemas que não conseguem apresentar com desenvoltura. Essas aproximações sutis não ficam limitadas ao aconselhamento por telefone. Elas ocorrem também muitas vezes na ajuda face a face.

O indivíduo crônico

Essa é a pessoa em geral solitária ou deprimida, que telefona várias vezes por dia. É claro que isso pode ser cansativo para o ajudador e difícil de resolver. Podemos pedir que não telefone, podemos dar-lhe atenção apenas parcial enquanto fala por quanto tempo quiser a cada vez que nos chama. Em ambos os casos provavelmente não estaremos ajudando, e tais respostas podem levar-nos a um sentimento de culpa ou frustração. É melhor estabelecer limites, talvez afirmando que os chamados não podem exceder dez minutos, e depois apegar-se a essa regra. Algumas vezes, os indivíduos crônicos podem ser colocados em contato com outros do mesmo tipo ou com ajudadores paraprofissionais na igreja, que tenham mais tempo para ouvir.

Você pode também sugerir "terapia por escrito", na qual quem telefona escreve sobre os problemas e envia essas cartas pelo correio em vez de conversar. Vale a pena tentar isso, embora as pessoas que gostam de falar incessantemente em geral querem o contato humano que o fato de escrever cartas não dá. Se você reduzir o contato com alguém assim, talvez deva telefonar periodicamente para assegurá-lo de que se importa. Tente não se sentir culpado por determinar limites quanto a tempo ou número de chamadas. Isso ajuda o aconselhado a enfrentar a realidade e contribui melhor para o bem-estar dos conselheiros e dos membros da família dele.

O indivíduo silencioso

Esse apresenta um tipo diferente de problema. Ele é suficientemente motivado para telefonar, mas se recusa a dizer muito quando você atende. Como resultado, não se tem pistas visuais ou auditivas. Nessas ocasiões, você poderia ler a correspondência ou folhear uma revista—já que quem telefona não pode vê-lo—, mas é melhor aconselhar. Eis possíveis comentários incentivadores: "Algumas vezes é difícil falar, não é?". Ou: "Há alguma coisa que eu possa fazer para ajudá-lo?". Ou: "É difícil saber o que está acontecendo se você não contar". Quando tudo o mais falha, você pode tentar uma resposta assim: "Gostaria de conversar com você, mas tenho de desligar em um ou dois minutos se não puder falar". No caso de o silêncio persistir, você pode assegurar ao indivíduo seu interesse e o interesse de Deus, encorajá-lo a telefonar outra vez em outro horário quando tiver mais facilidade para falar, depois despedir-se antes de desligar.

O indivíduo obsceno

Esse tipo de pessoa gosta especialmente de telefonar para líderes da igreja porque ele (esses indivíduos geralmente são homens) gosta de chocar os outros e ver se consegue fazê-los zangar-se. Se puder aborrecer a um pregador, isso provará a ele que os religiosos não são tão bons e provavelmente correspondem ao que a mídia quase sempre sugere. De modo estranho, isso contribui para a auto-estima da pessoa, assim como o sentimento de que falar palavrões é um meio de afirmar a masculinidade ou o poder sobre outros. Irritar-se com tais indivíduos não é o meio de lidar com essa situação, mas não é também apropriado ouvir "com respeito positivo incondicional". Firmeza, aliada a bondade e compaixão, é a melhor abordagem. "Tenho prazer em falar com você", podemos dizer, "mas tenho de pedir que não use esse tipo de linguagem". Se o indivíduo insistir, ameace desligar e faça isso. Se os telefonemas persistirem, você deve entrar em contacto com a polícia local ou a empresa telefônica. Lembre-se de que tais pessoas têm problemas e seus telefonemas podem ser um apelo oculto de ajuda e compreensão.

O discipulado e o telefone

Por razões óbvias, Jesus nunca usou o telefone em seu ministério. Para nós, porém, o telefone, como o rádio e a televisão, é um instrumento que dá maior oportunidade para intervir na vida de outros. Como uma ajuda face a face, o auxílio por telefone tem os mesmos alvos de discipulado. É improvável que alguns sejam completamente discipulados por telefone, mas isso é tecnicamente possível. O telefone pode ser usado para dar encorajamento, apoio, conselhos, orientação e confronto. O evangelho pode ser apresentado por telefone, podemos orar com as pessoas por meio dele e encorajá-las em seu crescimento pessoal e espiritual. Os conselheiros deficientes físicos podem ter um ministério telefônico especial, usando o aparelho para ir onde não lhes é dado comparecer pessoalmente.

A ajuda por telefone não pode ser ignorada por aqueles cujo objetivo final na vida é cumprir a Grande Comissão, fazendo discípulos no mundo inteiro. Parte de nossa missão pode bem ser cumprida por meio do telefone.

Notas

1. Não há debate quanto à popularidade desses programas que recebem telefonemas das pessoas, mas há divergência quanto ao fato de o aconselhamento por telefone e por rádio promover realmente mudanças. Veja Berkeley Rice, "Call-in Therapy: Reach Out and Shrink Someone", *Psychology Today* (dezembro 1981): 39,41,44,87-91; e Amiram Raviv, Alona Raviv e Ronith Yunovitz, "Radio Psychology and Psychotherapy: Comparison of Client Attitudes and Expectations", *Professional Psychology: Research and Practice* 20 (abril 1989): 67-72.
2. James Buie, "Therapy by Telephone: Does It Help or Hurt? *APA Monitor* (1989): 14-15.
3. T. Williams e J. Douds, "The Unique Contribution of Telephone Therapy", em *Crisis Counseling and Counseling by Telephone*, por D. Lester e G.W. Brockopp (Springfield, Ill: Charles C. Thomas, 1973), 85.
4. A.C. Lamb, "Telephone Therapy: Some Common Errors and Fallacies", *Voices* 5 (1969-70): 45-46.
5. Adaptado de Lester e Brockopp, Parte III. Eric Berne, *Games People Play* (New York: Grove Press, 1964).

10

Ajuda na igreja

No seu ministério terrestre, Jesus realizou muitas curas. Ao falar com alguns críticos, ele disse algo que tornaria muito citado e comentado: de que não viera para ministrar aos que tinham boa saúde; ele viera para os que precisavam de cura (Mc 2.17). Nos evangelhos, a atenção ao ministério de cura é muito mais acentuado do que a qualquer outro assunto, exceto os acontecimentos que cercaram a crucificação e a ressurreição. Nos cinco primeiros livros do Novo Testamento, um quinto de todos os versículos trata da cura.[1]

Essas curas bíblicas sempre tiveram lugar na presença de outras pessoas e, em geral, a pedido de outros. Algumas vezes, amigos ou parentes preocupados levavam o doente a Jesus; mas, em outras ocasiões, pediam a cura quando o indivíduo necessitado nem sequer se achava presente.

Nas páginas precedentes mencionamos a cura psicológica-espiritual, e a ajuda, como uma interação entre duas pessoas— o ajudador e a pessoa que está sendo ajudada. Sabemos naturalmente que os conselheiros trabalhavam às vezes em pares e que pessoas são freqüentemente ajudadas em grupos pequenos. Mesmo quando várias pessoas são envolvidas, a ajuda geralmente é dada por algum membro do grupo pequeno. Os de fora raramente participam do processo de cura. É possível, no entanto, que a ajuda possa ser mais eficaz quando tem lugar em meio a uma comunidade maior de pessoas interessadas?

A ajuda nos grupos

Os psicólogos, há vários anos, descobriram a eficácia da ajuda em grupo. Os pacientes mentais que tinham sido confinados em asilos insalubres melhoraram dramaticamente ao serem tratados com compaixão e bondade. Como parte de algo chamado "tratamento moral", os administradores e funcionários do hospital viviam com os pacientes, comiam com eles e mostravam que o hospital podia ser uma comunidade terapêutica em vez de um cárcere.[2] Essa idéia foi ampliada depois da Segunda Guerra Mundial, quando um psiquiatra britânico, Maxwell Jones, propôs uma comunidade terapêutica em que todas as atividades diárias dos pacientes eram dirigidas para sua recuperação. "Terapia do ambiente social" foi o termo aplicado a esse tipo de tratamento. O aconselhamento um a um fazia parte da cura, mas igualmente importante era o apoio, ajuda e encorajamento diário recebido dos funcionários e que os pacientes trocavam entre si.

A terapia do ambiente social fez várias suposições interessantes sobre o relacionamento de ajuda. Primeiro, supôs que havia valor terapêutico em atividades como viver numa comunidade, trabalhar, participar de atividades recreacionais e fazer parte de grupos de encorajamento e apoio. Segundo, essa terapia tinha como base a hipótese de que os pacientes melhoravam mais depressa quando a enfermaria tinha uma atmosfera de franqueza, honestidade, aceitação e cuidados interpessoais. Esperava-se que todos os pacientes e funcionários tratassem uns aos outros com cortesia e consideração. Terceiro, a terapia encorajava uma atitude "faça você mesmo". Havia pouca ênfase sobre a idéia de que somos vítimas indefesas de nossos passados, mas bastante enfoque na responsabilidade—para tomar decisões, manter o hospital limpo, planejar atividades para a ala da enfermaria, lidar com os problemas pessoais e até avaliar os progressos mútuos. Uma quarta hipótese era que todos os funcionários tinham valor e a mesma importância. Tanto os enfermeiros como os psiquiatras eram respeitados e ouvidos. Deveria haver comunicação aberta entre as pessoas na enfermaria. As divergências não eram ocultadas nem silenciadas, mas resolvidas de maneira direta.

Tudo isso pode parecer idealista, mas a pesquisa demonstrou que a terapia do ambiente social leva a uma melhora geral maior do que quaisquer outras formas mais tradicionais de tratamento. Quando os pacientes deixam o hospital seguindo essa terapia, há menos probabilidade de que voltem—especialmente se aprenderam habilidades sociais e controle do estresse como parte de seu tratamento.[3]

Grupos e comunidades terapêuticos

O valor de uma comunidade terapêutica ou de cura para apoiar e algumas vezes substituir o aconselhamento individual tornou-se largamente aceito desde que Jones escreveu pela primeira vez sobre a terapia do ambiente social. O aconselhamento em grupo é agora usado por muitos conselheiros, em parte por ser menos dispendioso para os participantes. Em geral, porém, grupos são usados porque existe um valor terapêutico provado para as pessoas que se reúnem para encorajar e auxiliar umas às outras. Esse é um fator para justificar a explosão do interesse em grupos de auto-ajuda e recuperação.

Muitos autores psicológicos e líderes de grupos pequenos deixam de compreender que Jesus e os escritores do Novo Testamento deram um modelo da comunidade de cura ideal há muitos séculos. As suposições da terapia moral e da do ambiente social foram primeiramente estabelecidas na Bíblia, mas por alguma razão os cristãos falharam em seguir o modelo bíblico. Como resultado, muitas igrejas negligenciaram seus papéis como comunidades terapêuticas ou de ajuda. Em vez disso, algumas igrejas locais tornaram-se organizações relapsas onde o aconselhamento é deixado para o pastor ou alguns leigos e onde as pessoas necessitadas de ajuda são quase sempre ignoradas ou rejeitadas, especialmente se não forem membros ativos da igreja ou não mostrarem maneiras socialmente aceitáveis, roupas, comportamento ou linguagem religiosa.

A natureza do corpo de Cristo

Quando estava na terra, Jesus ministrou por meio do seu próprio corpo físico. Onde quer que fosse, tocou, curou, aconselhou, mostrou compaixão, ensinou e viveu de modo a dar um exemplo a ser seguido por outros. Depois da ressurreição, ele subiu ao céu corporalmente, mas deixou outro corpo para continuar sua obra. Esse novo corpo de Cristo, que existe ainda hoje, é a igreja.

Uma visão defeituosa da igreja

Os homens e mulheres modernos desenvolveram visões falhas da igreja. Muitos a consideram uma organização irrele-vante de pessoas piedosas ou hipócritas que acreditam em Deus mas se preocupam mais em acrescentar membros, desenvolver programas, interferir na política social e construir prédios cada vez maiores que ficam vazios na maior parte da semana.

Vários livros bastante intuitivos, alguns escritos por psicólogos e sociólogos, mostraram as fraquezas e insensibilidades de muitas igrejas. Aprendemos, por exemplo, que as igrejas podem abusar, perpetuar mitos e incutir nos membros uma fé tóxica.[4] Um de meus mais respeitados amigos, um teólogo cuja vida foi dedicada à construção de igrejas saudáveis, escreveu certa vez sobre as frustrações que sentiu quando jovem ao ir a um culto da igreja e voltar roxo de raiva para casa.

> Parecia que quase tudo o que ocorria em grande parte das igrejas tinha o propósito de aniquilar o espírito dos cristãos e matá-los vivos. Quanto aos incrédulos, cada aspecto da vida da igreja parecia ter sido calculado de modo que, se alguém de fora ocasionalmente entrasse, ficaria desanimado por ter posto ali os pés. Era como se os *ideais* insistentemente perseguidos fossem *tédio, inércia, mediocridade, rigidez* e *mente estreita*—e tudo em nome de Cristo, que estabelecera a igreja no mundo para virar o mundo de cabeça para baixo!
>
> Ocorreu-me que a igreja havia ficado inconscientemente cativa das tradições irrelevantes e dos valores mundanos que

sufocavam as energias, os dons e os sonhos gerados pelo Espírito. Onde o evangelho ensina que todos são importantes para Deus e que Cristo morreu por todos, muitas igrejas afirmam que Cristo morreu só por elas e o resto do mundo está condenado. Onde o evangelho proclama o perdão e aceitação de Deus, muitas pregam a condenação e rejeição. Onde o evangelho apresenta uma mensagem de esperança, elas pregam uma mensagem de condenação. Onde o evangelho concede liberdade em Cristo, elas impõem regras e regulamentos humanos. Onde o evangelho requer que todo cristão seja um ministro, elas ficam observando o seu ministro fazer tudo. Onde o evangelho é uma força, elas o tornam uma farsa.[5]

Visão bíblica da igreja

Isso está claramente distante do modelo de igreja descrito nas Escrituras Sagradas. A igreja, como se supõe, deve ser um corpo de cristãos que entregaram sua vida a Jesus Cristo e foram equipados com dons espirituais descobertos e desenvolvidos pelo indivíduo pessoalmente (Ef 4; 1Pe 4.10). Esses dons, relacionados em Romanos 12, 1Coríntios 12 e Efésios 4, incluem coisas como ensinar, evangelizar, ajudar, exortar (que, como vimos, é bas-tante similar ao aconselhamento), curar, mostrar misericórdia, contribuir, e outras. Os dons espirituais são dados diretamente pelo Espírito Santo, que os concede segundo sua vontade (1Co 12.11).

Efésios 4.12, 13 declara que os dons do Espírito têm duas finalidades. Primeira, devem preparar cada cristão para servir como parte do corpo de Cristo. Jesus veio para evangelizar, esclarecer, libertar os cativos e proclamar a verdade (Lc 4.18). O moderno corpo de Cristo tem uma função semelhante. Assim como o Espírito Santo ungiu Jesus (Lc 4.18), ele também nos unge e nos concede dons para capacitar-nos a ministrar uns aos outros.

O segundo propósito dos dons espirituais é edificar o corpo de Cristo, para que possamos ser homens e mulheres unidos, informados e amadurecidos. Tais pessoas não são influenciadas pela moda, terapia psicológica, ou filosofia de vida mais recentes. São indivíduos informados, estáveis, amorosos, cujas vidas estão centradas em Cristo (Ef 4.12-16).

O verdadeiro ajudador

O que tudo isso tem a ver com a idéia de ser um verdadeiro ajudador? A resposta é esta: um dos principais propósitos do corpo de Cristo, a igreja, é prestar ajuda. "Contudo, Deus coordenou o corpo [...] para que não haja divisão no corpo; pelo contrário, cooperem os membros, com igual cuidado, em favor uns dos outros. De maneira que, se um membro sofre, todos sofrem com ele; e, se um deles é honrado, com ele todos se regozijam. Ora, vós [isto é, os cristãos] sois corpo de Cristo; e, individualmente, membros desse corpo" (1Co 12.24-27). De acordo com o plano de Deus, a igreja deve ser um corpo unido de cristãos que recebem poder do Espírito Santo, crescem em direção à maturidade e estão ministrando (i.e., ajudando) a pessoas tanto dentro como fora do corpo.

A missão de ajudar e o corpo de Cristo

O corpo de Cristo existe com vários propósitos, todos muito benéficos para os indivíduos, incluindo nossos pacientes. Quando funciona adequadamente, o corpo louva a Deus mediante a adoração, edifica as pessoas por meio da fraternidade que oferece, e se estende por meio do serviço, incluindo o evangelismo.[6]

Ajudando mediante a adoração

A maioria de nós já compareceu a cultos de adoração monótonos, mal planejados, previsíveis, pouco inspiradores e mais concentrados no líder da adoração do que em Deus. Mas a adoração pode ser uma reunião de cristãos que estão unidos para reconhecer e celebrar a natureza de Deus e sua centralidade em tudo na vida.[7] Ao nos reunirmos com outros para cantar, orar, receber instrução, ler a Escritura, contribuir e meditar juntos, nossa mente se fixa em Deus, agradecemos a ele por seus atributos e seus atos, e reconhecemos que fazemos parte da família de Deus.

A maioria dos problemas que os conselheiros leigos encontra é formada por dificuldades enfrentadas pelos indivíduos. Esses lutam com a ansiedade, solidão, baixa auto-estima, fracasso, estresse e desapontamento. Até problemas conjugais e outros conflitos interpessoais em geral envolvem só duas ou três pessoas. Quando vamos adorar, porém, estamos cercados de outros cristãos, muitos dos quais são companheiros de batalha. Juntos reconhecemos que Deus continua poderoso e está no controle. Encontramos assim forças e consolo à medida que o Espírito Santo nos conforta e renova a confiança em meio aos outros cristãos.

Tenho um amigo que trabalha como conselheiro numa grande igreja da cidade. Durante a semana ele tem encontros com várias pessoas com problemas, as quais aconselha, uma a uma. Mas ele só visita as pessoas que concordam em completar o aconselhamento, juntando-se a um grupo pequeno e freqüentando regularmente os cultos de adoração. Meu amigo aprendeu que as pessoas que adoram juntas quase sempre encontram forças, apoio e cura quando voltam sua atenção para Deus na presença de outros cristãos.

Ajudando mediante a comunhão

Muitos que precisam de ajuda são solitários e anseiam por algum tipo de comunhão em profundidade com outro ser humano. Esse tipo de comunhão é exatamente o que o corpo de Cristo oferece. Os cristãos têm comunhão com o Deus do universo (segundo a Bíblia, isso leva automaticamente à alegria) e uns com os outros (1Jo 1.3, 4, 7). Esse tipo de comunhão, que caracterizava a igreja primitiva, surgiu porque as pessoas tinham um compromisso comum com Cristo (1Co 1.9). Tal compromisso e proximidade deve existir hoje. Isso acontece em muitas igrejas.

O corpo de Cristo tem um enorme potencial para prover o tipo de comunhão, aceitação, sentimento de pertencer, e segurança, fatores com grande valor terapêutico tanto para os cristãos como para outras pessoas necessitadas que entram em contato com os cristãos. O Novo Testamento usa o termo grego *koinonia* para descrever esse tipo de comunhão. Ele envolve a idéia de cristãos compartilhando juntos, levando os fardos uns dos outros, confessando mutuamente suas faltas, submetendo-se mutuamente, encorajando uns aos outros, e edificando um ao outro à medida que andam com o Senhor. Em uma palavra, a comunhão cristã é a expressão contínua do *amor*.

Há vários anos, o psicólogo de Harvard, Gordon Allport, chamou o amor de "incomparavelmente o maior agente psicoterapêutico". Ele sugeriu que a igreja sabe mais sobre isso do que qualquer conselheiro secular, mas apontou a "falha perene da religião de pôr em prática essa doutrina".[8]

O corpo de Cristo deve ser caracterizado pelo amor—amor por nós mesmos, nossos vizinhos, nossas famílias, e até nossos inimigos. Jesus nos amou e morreu por nós ainda quando éramos pecadores (Rm 5.8). Se esse amor divino fluísse dos cristãos e alcançasse outros, como deveria, os resultados seriam incrivelmente terapêuticos.

Amar assim, entretanto, é difícil e arriscado. É preciso tempo e esforço, e poderia ser inconveniente para nós. Com freqüência, portanto, falamos sobre amor, mas fazemos muito pouco a respeito.

Amar, porém, é a marca básica do cristão (Jo 13.35), e somos repetidamente instruídos a ser pessoas que manifestam amor (Mt 22.39; 1Ts 4.9, 10). A descrição bíblica do amor, como registrada em 1Coríntios 13, apresenta um padrão elevado. "O amor", lemos, "é muito paciente e bondoso, nunca é invejoso ou ciumento, nunca é presunçoso nem orgulhoso, nunca é arrogante, nem egoísta, nem tampouco rude. O amor não exige que se faça o que ele quer. Não é irritadiço, nem melindroso. Não guarda rancor e dificilmente notará o mal que outros lhe fazem. Nunca está satisfeito com a injustiça, mas se alegra quando a verdade triunfa. Se você amar alguém será leal para com ele, custe o que custar. Sempre acreditará nele, sempre esperará o melhor dele, e sempre se manterá em sua defesa" (1Co 13.4-7; *Bíblia Viva*).

Quando nós e nossos pacientes somos membros de comunidades em que esse tipo de amor é experimentado e dado, a ajuda às pessoas é muito mais eficiente. Em contraste, a ajuda genuína e duradoura é muito menos possível e talvez até impossível, quando buscamos auxiliar em separado da comunhão encontrada no corpo de Cristo.

Ajudando mediante o serviço

Quando perguntaram a Jesus como o indivíduo podia ser grande, sua resposta foi um tanto surpreendente. Ele disse que a maneira de ser grande é tornar-se servo (Mt 20.26; Mc 9.35). Essa idéia aparece repetidamente no Novo Testamento. Os cristãos devem submeter-se uns aos outros e servir uns aos outros. Esse é um modo de *concentrar-se no outro* em lugar de *concentrar-se em si mesmo*. É um estilo de vida que, se praticado sempre, leva a relacionamentos de ajuda mútua. Faria que todos os cristãos cuidassem de carregar os fardos uns dos outros (Gl 6.2), chorando e se alegrando juntos (Rm 12.15), confessando mutuamente os pecados, e orando uns pelos outros (Tg 5.16).

"Em nenhum momento a igreja se assemelha mais ao Salvador do que quando o imita no serviço altruísta ao sensibilizar-se ante situações de carência humana", escreve Gilbert Bilezikian em *Christianity 101*.

> Durante seu ministério, Jesus via a si mesmo como desempenhando o papel de servo entre as criaturas necessitadas de Deus e encarregou os discípulos de fazer o mesmo. Era grande sua compaixão ao encontrar doentes e cegos (Mt 4.24; 20.34), pessoas oprimidas e indefesas (9.36); famintos e enlutados (15.32; Lc 7.13). Percebeu o sofrimento deles e, como resultado, sentiu-se impelido a agir, aliviando, consolando e curando.

Falta muitas vezes às pessoas necessitadas a energia e força emocional para prestar esse tipo de serviço a outros, e todo conselheiro sabe que alguns prestam serviço por motivos egocêntricos. Quando as pessoas, incluindo as necessitadas, estão dispostas e preparadas para dar como expressão genuína de seu interesse, os maiores benefícios cabem em geral aos doadores. Jesus disse que é mais abençoado dar que receber (At 20.35). Ás vezes, o doador recebe a bênção na forma de um sentimento maior de estabilidade e bem-estar.

O corpo de Cristo deve ser um grupo de pessoas em crescimento e amadurecimento. Não devem ser como crianças, mas crescer juntos como uma unidade funcional, tornando-se mais e mais como Cristo, que é o cabeça do corpo (Ef 4.13-16). Considere o que esse tipo de comunidade poderia fazer para a pessoa que precisa de ajuda:

- oferecer um sentimento de pertencer ou de comunhão;
- mostrar interesse e orar pelo aconselhado, por seu conselheiro e pelo relacionamento deles;
- prover ajuda prática e concreta para os necessitados;
- dar oportunidade para o necessitado servir a outros (essa é uma boa terapia);
- mostrar amor bíblico às pessoas que não se sentem amadas, mas precisam de amor;
- prover uma filosofia significativa de vida;
- apoiar e guiar os indivíduos e famílias em momentos de crise;
- providenciar para que haja prestação de contas;
- encorajar a confissão de pecado e compromisso com a soberania de Cristo;
- dar conselhos e encorajamento ao ajudador quando ele enfrenta dificuldades nas situações de aconselhamento;
- guiar os indivíduos em direção à maturidade em seu relacionamento com Cristo;
- encorajar o ajudado enquanto desenvolve um novo comportamento;

- prover vários modelos de maturidade e estabilidade psicológico-espiritual; e
- aceitar os sofredores, incluindo ex-alcoólicos, presidiários, pacientes mentais e outros que não se sentem acolhidos pela comunidade como um todo.

O corpo de ajuda

Desde o início, o corpo de Cristo, a igreja, tem sido uma comunidade de ajuda. Tem havido isolamento, falta de sinceridade, inatividade, críticas, falta de colaboração, desonestidade, rigidez e várias outras práticas pagãs na igreja, mas tem havido também um pequeno "grupo de pessoas dedicadas" que construíram suas igrejas locais de acordo com os princípios do Novo Testamento. Essas são as congregações que mais provavelmente demonstraram as quatro atividades de ajuda por parte da igreja: cura, apoio, orientação e reparação dos relacionamentos interpessoais estremecidos.

Para ser uma comunidade de ajuda verdadeira, como deveria, a igreja deve primeiro voltar ao padrão bíblico e *todos* os membros devem entregar sua vida a Cristo, desenvolvendo os dons espirituais de cada um e fazendo uso ativo deles (incluindo o dom de *socorro*) para ministrar a outros enquanto todos se movem em direção à maturidade cristã. Os indivíduos que trabalham nisso sozinhos podem e freqüentemente ajudam as pessoas. Mas o corpo funcionando como uma unidade é muito mais desejável e eficaz nesse auxílio a outros.

Segundo, devemos lembrar que o corpo como um todo pode atuar especificamente para satisfazer as necessidades humanas. A igreja pode *encorajar e orar* pelos conselheiros e aconselhados, pode dar *ajuda concreta* aos necessitados (até aquelas pessoas com os chamados problemas proibidos), pode *prover uma comunidade estável e acolhedora* para os membros e visitantes, e pode *apoiar* o indivíduo arrependido ou curado que estiver voltando à sociedade.

Ao agir assim, o corpo de Cristo presta auxílio tanto terapêutico como preventivo. Esse é um tipo de ajuda positiva por se tratar do auxílio prestado por iguais, ajuda mútua e ajuda centrada em Jesus Cristo, a cabeça do corpo.

Notas
1. Morton T. Kelsey, *Healing and Christianity* (Nova Iorque: Harper & Row, 1973), 14.
2. J.S. Beckeven, *Moral Treatment in American Psychiatry* (New York: Springer, 1963).
3. Parte da pesquisa é brevemente resumida por Robert C. Carson e James N. Butcher em *Abnormal Psychology and Modern Life*, 9a. ed. (Nova York, HarperCollins, 1992), 683-84.
4. Por exemplo, veja Stephen Arterburn e Jack Felton, *Toxic Faith: Understanding and Overcoming Religious Addiction* (Nashville: Oliver-Nelson, 1991); Ronald M. Enroth, *Churches That Abuse Myth: The Behavior and Beliefs of American Catholics* (New York: Scribner's), 1990).
5. Gilbert Bilezikian, *Christianity 101: Your Guide to Eight Basic Christian Beliefs* (Grand Rapids: Zondervan, 1993), 176.
6. Discuti o material seguinte em mais detalhes em meu livro,*The Biblical Basis of Christian Counseling for People Helpers* (Colorado Springs, Colo.: NavPress, 1992), 195-211. Veja também cap. 7 do livro de Bilezikian, ou John F. McArthur Jr., *The Master's Plan for the Church* (Chicago: Moody, 1991).
7. Adaptado de Bilezikian, *Christianity 101*, 203.
8. *Gordon W. Allport*, The Individual and His Religion (New York: Macmillan, 1950), 90,93.

11

Ajuda preventiva

As páginas anteriores nos fizeram lembrar que os conselheiros sensíveis e dispostos podem ajudar grandemente outros que enfrentam problemas, lidam com crises e aprendem como viver melhor. Algumas vezes, no entanto, a ajuda não tem qualquer ligação com crises ou problemas emocionais. Ajudar na mudança de um amigo, tomar conta dos filhos do vizinho durante uma tarde, ou ajudar um colega num trabalho de final de semestre são ações úteis que tornam mais fácil a vida de outrem.

Outro espécie de ajuda é discutida neste capítulo. Em geral ignorado pelos livros de aconselhamento, esse tipo de ajuda é tão importante quanto as formas mais tradicionais. Os conselheiros profissionais dão-lhe nomes como *psiquiatria preventiva* ou *psicologia comunitária*, mas ele tem um propósito definido: evitar o problema e as crises que as pessoas levam com freqüência aos conselheiros.

A prevenção de problemas envolve em geral comunidades inteiras, embora isso nem sempre seja necessário. A prevenção algumas vezes envolve o aconselhamento, mas nem sempre. Como nos falta um termo melhor, vamos usar *ajuda preventiva* para descrever o processo de ajudar pessoas a livrar-se dos problemas antes que eles aconteçam.

Três objetivos da ajuda preventiva

Em 1964, um psiquiatra chamado Gerald Caplan publicou o livro *Principles of preventive psychiatry* [*Princípios de psiquiatria preventiva*], que estimulou o interesse pela prevenção de problemas pessoais e levou ao que foi agora chamado de "ciência da prevenção".[1] Essa é uma forma de ajuda que tem três objetivos.

Primeiro, a ajuda preventiva tenta *evitar que os problemas aconteçam antes de começar.* Algumas vezes chamada de prevenção primária, ela envolve antecipar situações problemáticas antes que surjam e fazer algo no presente para evitar que coisas desagradáveis ou indesejáveis ocorram no futuro. Algumas vezes a prevenção primária envolve também agir agora para aumentar a probabilidade de algo desejável acontecer no futuro.[2]

O aconselhamento pré-conjugal é um exemplo excelente desse tipo de prevenção. Enquanto o casal está ainda planejando o casamento, os dois parceiros são alertados em relação a problemas em potencial entre marido e mulher, recebem instruções sobre como evitar tais problemas e aprendem o que fazer para aumentar a probabilidade de um bom casamento.

Segundo, a ajuda preventiva tenta *impedir ou pôr fim a problemas existentes antes que se agravem.* Isso é chamado de prevenção secundária. Ela envolve abreviar a duração e gravidade de um problema em desenvolvimento. Quando a igreja oferece seminários de enriquecimento para os casais, ela está em geral se envolvendo na prevenção secundária. Os problemas que podem estar surgindo são identificados, tratados e algumas vezes detidos antes que piorem.

É difícil para uma pessoa de fora deter os problemas na vida de outrem. Nos primeiros estágios, os problemas em desenvolvimento estão em geral ocultos—algumas vezes até da pessoa que os tem—e um estranho interferir é quase sempre considerado intromissão. As pessoas dispostas a admitir que têm problemas em desenvolvimento poucas vezes querem ajuda por achar que são capazes de lidar sozinhas com as situações. Essas pessoas muitas vezes nem querem mudar. Alcoolismo ou promiscuidade sexual podem ser agradáveis a princípio; portanto, quem pratica essas atividades em geral prefere ser deixado em paz.

Um terceiro tipo de ajuda preventiva, conhecida algumas vezes por *prevenção terciária*, tenta *reduzir ou eliminar as influências dos problemas anteriores*. Suponhamos, por exemplo, que um ex-alcoólico, doente mental, ou prisioneiro volta à sua terra natal e tenta conseguir um emprego. É bem provável que essa pessoa encontre desconfiança, críticas, falta de aceitação, e grande dose de suspeita por parte de outros. Isso pode ser devastador para quem está tentando retornar à comunidade e a uma vida normal. Em situações assim, os ajudadores podem trabalhar tanto com o indivíduo como com a comunidade a fim de tornar mais fácil a transição, evitando uma rejeição que poderia levar a pessoa que está regressando a um desânimo tal que a faça retornar a seu antigo estilo de vida.

Tal desânimo ocorreu com um jovem que freqüentava uma escola de ensino médio. Depois de um período de rebelião e conflito com os professores, ele tentou mudar, "ajustar-se" e endireitar-se. Seus professores e alguns colegas, porém, continuaram a tratá-lo como um viciado. Antes de muito tempo ele desistiu de tentar reformar-se, voltou aos amigos drogados anteriores e foi expulso da escola uma semana antes da formatura.

Prevenção na igreja e na comunidade

Como podemos evitar que os filhos abandonem a escola, os adultos se viciem no jogo, os jovens adultos, na promiscuidade, ou pessoas ingênuas sejam seduzidas pelas seitas? Como evitar a AIDS, violência, gravidez de adolescentes, abuso de drogas, baixa auto-estima, ou relações familiares negativas? Essas perguntas preocupam os educadores, políticos, pastores, conselheiros profissionais e outras pessoas em toda a sociedade. Os pesquisadores tentaram programas educacionais, o ensino de novas habilidades às pessoas, campanhas de massa na mídia, discussão em grupos de iguais e várias outras abordagens à prevenção, algumas das quais funcionam melhor que outras. Até recentemente, todavia, muitos líderes de igreja e ajudadores cristãos têm estado tão ocupados resolvendo os problemas existentes que pouca atenção tem sido dirigida à prevenção. A Bíblia, no entanto, está repleta de conselhos práticos sobre como a igreja e os cristãos individuais podem evitar problemas e ter vidas mais estáveis.

Em muitos aspectos, o programa da igreja contribui para a prevenção de problemas. A adoração em conjunto, reuniões de grupos pequenos, classes de estudo bíblico, seminários e até o serviço cristão podem alertar as pessoas para os perigos e ajudá-las a prever e evitar problemas espirituais ou psicológicos. Isso inclui avisar as pessoas quanto às táticas destrutivas de Satanás, de modo que os cristãos venham a ser como Paulo, que tinha plena consciência das estratégias do diabo que produziam os problemas (2Co 2.11).

Ao contrário de outras formas de ajuda, a prevenção ocorre na maioria das vezes fora da entrevista formal. Quando o pastor fala a uma congregação sobre resistir ao diabo, quando o líder do jovens fala ao grupo da escola de ensino médio sobre encontrar a vontade de Deus na sua vocação, ou quando a mulher do pastor fala a um grupo de mulheres sobre sentir-se satisfeita como mulher, a ajuda preventiva está sendo praticada. O mesmo acontece quando um obreiro do *campus* fala com um colega sobre a vida cheia do Espírito ou mostra a um grupo de estudantes como ter um período regular de oração. O líder da juventude da escola de ensino médio que, tomando refrigerante com um calouro, conversa sobre seus crescentes impulsos sexuais está envolvido em ajuda preventiva, embora nenhum dos dois pare para pensar que a conversa é uma forma de aconselhamento concentrada na prevenção de problemas futuros.

A prevenção pode ajudar indivíduos específicos a evitar perigos, deter problemas que estão surgindo, ou reajustar-se seguindo a resolução de um problema anterior; mas os ajudadores preventivos podem também trabalhar com grupos, vizinhanças, ou comunidades inteiras. Mediante departamentos do governo ou outros meios de intervenção, podemos trabalhar para evitar ou reduzir condições sociais prejudiciais, tais como depressão econômica, pobreza, atos de crime e violência, ou degeneração moral na mídia. Como resultado, sociedades inteiras podem evitar um provável estresse e tornar-se mais estáveis e menos tensas.

A maior parte do interesse profissional no problema da prevenção concentra-se na comunidade inteira. Num campo de estudo conhecido como psicologia comunitária (ou psiquiatria comunitária), os conselheiros profissionais e outros trabalham nas ruas ou com oficiais do governo, clubes de serviço, instituições educacionais e a mídia noticiosa. Ao tentar mudar a sociedade a fim de que ela seja menos estressada, esses ajudadores preventivos supõem que os problemas pessoais serão prevenidos, que as dificuldades existentes serão reduzidas ou até eliminadas, e que o nível geral de saúde mental numa comunidade melhorá.

O movimento da psicologia comunitária dá grande ênfase às escolas, hospitais e agências de serviço social, mas fala pouco do papel da igreja local na prevenção de distúrbios psicológicos. Nos livros sobre prevenção ou psicologia comunitária, a igreja ou a religião é raramente mencionada. Isso poderia ser devido ao preconceito anticristão dos psicólogos da comunidade, mas pode ser igualmente devido à falha da igreja em envolver-se mais na prevenção de problemas psicológicos.

Os historiadores sociais algumas vezes ignoram o papel da igreja em produzir mudança social e em ajudar os desfavorecidos e as pessoas depreciadas pela sociedade. Aconselhamento significativo, mas quase sempre não percebido, é feito todos os dias, especialmente por membros das congregações dos centros de cidades, incluindo as que não têm os benefícios das igrejas suburbanas com mais recursos. Esses programas de ajuda comunitária das igrejas são em geral mais eficazes que os seculares. Enquanto os programas do governo e outros não têm verba para o pessoal, os membros da igreja costumam prestar serviços sem receber pagamento. Enquanto os programas públicos vacilam por causa da burocracia ou falta de compromisso dos profissionais, os membros da igreja continuam firmes porque alcançam outros como uma expressão de seu compromisso com

Jesus Cristo. Quando não há ninguém para dar apoio social à comunidade, a igreja faz que o povo tenha acesso a ajudadores que desempenham um papel importante na "prevenção do colapso nervoso e apressam a recuperação e reintegração na comunidade depois do colapso".[3]

Enquanto vários pastores e membros de igrejas dos centros de cidades têm-se envolvido em cuidados à comunidade e ajuda preventiva às pessoas, talvez o primeiro e mais influente líder nesse campo tenha sido Howard Clinebell, que descreveu o movimento de saúde mental comunitário como "uma estimulante revolução social", que poderia ter profundo significado humano e ser "uma das mais importantes revoluções sociais na história do nosso país e talvez do mundo".[4] Esse pode ser um entusiasmo exagerado, mas tem como fundamento a convicção de que se pudermos mudar a comunidade, podemos ajudar as pessoas que estão sofrendo de problemas psicológicos evidentes ou ocultos. Podemos também fazer muito para evitar dificuldades psicológicas que possam surgir em pessoas hoje bem ajustadas. Clinebell mostrou, de maneiras criativas, como a igreja pode desempenhar um papel significativo na transformação da sociedade e em prover um ambiente onde a saúde mental seja incentivada.

Esse conceito de prevenção mediante intervenção social tem sido muito popular entre os cristãos mais liberais. Em um determinado sentido, é uma nova forma do antigo evangelho social. Mude a sociedade, argumenta ele, e mudaremos a saúde mental dos indivíduos. A maioria dos cristãos evangélicos concordaria que é desejável mudar a sociedade e eliminar a pobreza, a injustiça social e outras condições que produzem estresse, mas insistiria em que as necessidades espirituais dos indivíduos fossem também satisfeitas—por Jesus Cristo—para que possa haver estabilidade mental duradoura e prevenção de problemas.

Ajuda preventiva e discipulado

Em lugar algum a questão do aconselhamento preventivo é mais claramente ilustrada do que na área do discipulado. O discípulo está sendo treinado para enfrentar os estresses futuros, lidar com as tensões internas, crescer espiritualmente e oportunamente mover-se em direção ao alvo da maturidade espiritual e psicológica. A saúde mental é às vezes definida como maturidade física, intelectual, social e espiritual. Jesus é descrito na Bíblia como alguém que cresceu em estatura (fisicamente), sabedoria (intelectualmente), no favor de Deus (espiritualmente) e dos seres humanos (socialmente). Ele foi a síntese da boa saúde mental e treinou seus discípulos para resolverem seus problemas futuros de maneira saudável e criativa.

Mateus 10 fornece um explendido exemplo das técnicas de aconselhamento preventivo usadas por Jesus. Ele estava preparando os discípulos para enviá-los numa curta missão de treinamento, mas antes de partirem preparou-os para o que iriam encontrar. Alertando-os em relação aos possíveis problemas, preparou-os para evitar dificuldades que poderiam surgir de outra forma. Seus métodos de prevenir futuros problemas envolviam encorajar, advertir os discípulos sobre o que estava para vir, instruí-los sobre o que fazer no caso de oposição, dar-lhes experiência para enfrentar problemas, mostrar-lhes como ele lidava com o estresse, discutir com eles os problemas que encontrassem e enfatizar que o descanso é um bom meio de obter resistência contra o estresse futuro. Vamos considerar cada uma dessas coisas por sua vez.

Encorajamento

Os discípulos talvez estivessem nervosos e incertos quanto a sua habilidade de cumprir a tarefa começada por Jesus e que eles deveriam continuar. Ele então os acalmou (Mt 10.19, 26, 29-31), disse-lhes que seu ministério era importante (Mt 10.40), e deu-lhes autoridade e poder para enfrentar o futuro com confiança (Mt 10.1; Lc 9.1). Isso talvez pareça algo insignificante, mas o encorajamento e apoio em oração a outro ser humano pode ser uma influência valiosa e duradoura para ajudar as pessoas enquanto elas enfrentam o futuro, tentam novas aventuras, mudam de comportamento, ou lidam com os problemas antes que se agravem.

Advertência

A preparação feita por Jesus envolveu muito mais que encorajamento. Ele os advertiu dos perigos à frente. Jesus indicou que servir a ele poderia levar à separação de famílias ou à rejeição por parte das pessoas a quem amamos (Mt 10.21, 22, 34-36). Essas palavras não foram táticas para amedrontar; eram declarações claras das dificuldades que os discípulos de Jesus poderiam esperar no futuro.

Paulo fez uso de um método parecido em Romanos 16.19, quando escreveu: "Quero que sejais sábios para o bem e símplices para o mal". Isso não apóia a idéia de que nossas advertências devem ser detalhadas quanto aos perigos que se pode esperar. Tais detalhes podem ser prejudiciais, especialmente quando amedrontam as pessoas ou as impede de avançar. Devemos ser "símplices para o mal", todavia alertas o suficiente para saber o que evitar.

Quando somos advertidos de que há perigos à frente, podemos fugir dos problemas que aparecerem. A igreja reconheceu isso durante séculos e tem advertido as pessoas sobre os perigos do envolvimento em situações sexuais comprometedoras, práticas de ocultismo, atitudes egoístas no casamento, ou aceitação indiscriminada de tudo o que se lê ou ouve nas salas de aula. Lamentavelmente, essas advertências não são sempre recebidas com gratidão ou entusiasmo—especialmente quando a advertência é feita aos jovens pelos mais velhos. Mesmo que a advertência não seja atendida no momento, ela é algumas vezes lembrada mais tarde. Mesmo isso pode ser útil. *Fui advertida a esse respeito*, alguém pode pensar quando encontra problemas, *não estou então surpreso.* Ser alertado antecipadamente é em geral uma ajuda para evitar dificuldades ou deter problemas existentes antes que piorem.

Instrução

Avisar uma pessoa de que há perigo à frente pode impedir uma tragédia, mas o aviso é ainda mais benéfico se pudermos ajudá-la a descobrir algumas alternativas menos perigosas. Depois de Jesus ter advertido os discípulos, ele não os deixou por sua própria conta. Disse-lhes especificamente

- o que fazer quando surgissem situações difíceis (Mt 10.6-8, 11-14, 23);
- o que não fazer em crises de estresse (Mt 10.5b, 9, 10); e
- como lidar com os sentimentos (Mt 10.28).

Esse é um excelente procedimento para um programa de discipulado, mas ilustra também que parte do trabalho de prevenção do conselheiro é educar as pessoas. Para evitar problemas, o conselheiro pode ensinar sobre tópicos como: amadurecimento espiritual do indivíduo; como melhorar o casamento, preparar-se para a morte, lidar com os impulsos, enfrentar as frustrações, ou vencer o estresse.

Algumas vezes a ajuda por meio de instruções pode criar problemas que não surgiriam de outra forma. Considere, por exemplo, a bastante citada declaração de que "97% dos universitários se masturbam e os outros três por cento são mentirosos". O que isso faz para o calouro que nunca pensou em masturbação? Leva a um problema que não teria surgido de outro modo? Essa pergunta tem sido feita por críticos dos programas de educação sexual, que temem que um pequeno conhecimento pode despertar curiosidade e criar situações que poderiam ter sido evitadas.

Embora esse tipo de risco exista, o risco é às vezes maior se for guardado silêncio. Os jovens não são tão ingênuos como seus pais supõem algumas vezes. Até o fato de despertar dúvida ou curiosidade pode não ser um fator negativo. É melhor que isso ocorra enquanto um conselheiro amadurecido estiver por perto, do que mais tarde quando o indivíduo estiver sozinho e talvez indefeso.

Outro problema sobre as instruções é algo que me preocupa sempre que dou um curso, faço uma palestra, ou escrevo um livro. Isto fará uma diferença prática na vida das pessoas? Quase todos tivemos a experiência de ler um livro ou ouvir um sermão, concluindo que "isto é muito útil", mas depois esquecendo rapidamente o que aprendemos. O receptor passivo do aprendizado não vai mudar tanto quanto o indivíduo que absorve os novos ensinos e os coloca imediatamente em prática. Jesus seguiu esse princípio de aprendizado ativo ao preparar seus discípulos para o futuro.

Experiência

Imagine como seria um time de futebol se seu treinamento consistisse apenas de encorajamento, avisos de perigo e palestras sobre como derrotar os oponentes. É exatamente assim que muitas igrejas, pais e instituições educacionais tentam preparar as pessoas para enfrentar os problemas da vida: com conversa, mas nenhum treinamento prático. Não é de admirar que haja tantos fracassos!

Em contraste, Jesus deu a seus discípulos algo para fazer. Ele os enviou para obterem experiência prática (Lc 9.2; 10.1) e os guiou à medida que partiam. Não é fácil fornecer experiência para as pessoas que estão aprendendo, e às vezes não é sequer ético. As pessoas podem talvez providenciar situações de aprendizado artificiais como fazem nas escolas de teologia, onde os alunos pregam, dão testemunho, ou aconselham uns aos outros antes de entrar em contato com as comunidades próximas. É, porém, difícil, caso não impossível, dar experiência para evitar, por exemplo, o adultério ou ficar longe do ocultismo.

Em situações onde o treinamento é possível, podemos começar pedindo sugestões sobre o que fazer e o que não fazer no futuro. Juntos, ajudador e ajudado podem avaliar essas sugestões e pensar em algumas outras, depois discutir quais as atitudes a tomar, e considerar os perigos ou potencial de fracasso envolvidos. À medida que as pessoas tentam agir para evitar os problemas, podemos ficar junto delas e talvez até ir com elas quando saem para obter experiência. Isso, é claro, é em geral o que acontece quando são treinadas para dar testemunho. Depois da instrução e talvez de alguma prática, elas saem como os seguidores de Jesus, duas a duas.

Jesus era mais que um preletor. Preparando os discípulos para prever e enfrentar os estresses de seu futuro ministério, ele não ocultou o seu envolvimento. Jesus se alegrou com os sucessos deles, ajudou-os a aprender com suas falhas, orou por eles e se agradou claramente de seus ministérios (Lc 10.18-23).

Demonstração

Jesus foi também um modelo para os discípulos (Mt 11.1). Ele lhes mostrou como discipular outros, como enfrentar os problemas existentes e como evitar situações potencialmente perigosas. Seu exemplo deve ter sido muito útil quando tiveram de lidar sozinhos com as dificuldades futuras.

Todos conhecemos pessoas cuja vida inspiraram outros. Esse é outro meio de ser um ajudador leigo: mostrando a outros como viver, para que possam ter um exemplo a seguir quando passam por momentos de estresse ou outras dificuldades no futuro.

Avaliação

O aprendizado é sempre mais eficaz quando há uma avaliação e relatório. Os atletas aprenderam isso há muito tempo, estudos sobre o aprendizado apoiaram isso e Jesus demonstrou esse fato. Quando os seguidores de Jesus voltaram após sua sessão de treinamento, fizeram um relatório e sem dúvida passaram tempo avaliando seus esforços (Lc 9.10; 10.17).

Descanso

Jesus era um homem muito ocupado, mas em meio a todas as exigências, ele tirava tempo para descansar. Em Lucas 9.10 lemos que depois de os discípulos terem voltado de seu ministério e feito seu relatório, Jesus os levou em sua companhia para um lugar retirado. Seria isso parte do programa de treinamento? Talvez fosse uma lição sobre ajuda preventiva—mostrando que devemos tirar tempo para descansar e nos revigorar, ficando do assim mais bem preparados para enfrentar problemas futuros à medida que surgem.

Vivemos numa época em que quase todos são ocupados e toda a sociedade avança rapidamente. Nosso corpo só pode suportar até certo ponto esse ritmo e mudança. Se não descansamos, ficamos mais sujeitos a males físicos, tensão e dificuldades para conviver com as pessoas. Até nossa vida espiritual sofre quando deixamos de descansar periodicamente. Às vezes, todos nós precisamos ficar quietos enquanto conhecemos melhor a Deus (Sl 46.10).

Não podemos ser ajudadores eficazes quando estamos apressados e sobrecarregados com as pressões da vida. Uma das melhores maneiras de ajudar outros a evitar problemas é encorajando-os a tomar tempo para descansar periodica-mente—com um bom livro, um jogo ou passatempo, um amigo respeitado, ou talvez sozinhos. Essa é uma parte essencial da ajuda preventiva. Se estamos descansados, enfrentamos os problemas do futuro com maior confiança e eficiência. O lugar onde começar é com o ajudador que mostra aos outros como isso é feito.

Diretrizes para a prevenção

O que podemos concluir sobre a prevenção de problemas psicológicos e espirituais?

1. A melhor maneira de lidar com os problemas pessoais é detê-los antes que comecem. Quando isso falha devemos interferir bem cedo num problema antes que ele se agrave.

2. A igreja está numa posição única para prever problemas antes que eles se desenvolvam, alertar pessoas para os problemas que possam surgir, perceber problemas que possam estar se desenvolvendo e interferir para evitar que os problemas existentes piorem.

3. Os cristãos devem reconhecer que a prevenção de problemas individuais exigirá várias atitudes por parte do ajudador. Elas incluem:

- *Prevenção*—ver um problema em potencial ou em desenvolvimento antes que ele surja ou se agrave;

- *Conhecimento*—de como uma situação ou ambiente estressante pode ser mudado, do lugar para onde deve ser encaminhado alguém, ou do que pode ser feito quanto a um problema em desenvolvimento;
- *Coragem*—para envolver-se ao tentar resolver novos problemas em desenvolvimento, embora sejam questões que de modo geral ignoramos ou deixamos de lado por estarmos excessivamente ocupados com outras coisas, ou por não querermos dar a impressão de que estamos nos intrometendo.
- *Tato*—para introduzir questões delicadas que as pessoas talvez não queiram discutir e para não tomar uma atitude depreciativa ou de alguém que sabe tudo. As pessoas nem sempre querem ocupar-se de problemas pessoais que não se tornaram ainda sérios;
- *Compaixão*—que expresse tamanha preocupação e amor por outros que estamos dispostos a ser rejeitados se isso ajudar a prevenir um problema; e
- *Planejamento*—para que questões como namoro, problemas pré-conjugais, pré-meia-idade ou pré-aposentadoria possam ser tratados de maneira não ameaçadora, mas firme; e para que seminários de enriquecimento do casamento, reuniões de crescimento espiritual ou grupos de compartilhamento possam ser introduzidos de modo a maximizar os benefícios para os participantes e minimizar a ameaça para os que resistem, e que provavelmente são os que mais necessitam dos benefícios.

4. Cada aspecto do ministério da igreja — incluindo pregação, ensino, evangelismo, reuniões sociais, música e culto de adoração—deve ser planejado de acordo com o bem-estar espiritual e psicológico presente e futuro dos participantes.

5. A educação é parte importante da prevenção. Os ajudadores cristãos devem dar séria consideração à idéia de como educar as pessoas sobre como ter um casamento melhor; como lidar com os conflitos familiares; como vencer o estresse; como evitar maledicências, fofocas e outros comportamentos que criam novos problemas; como perdoar quando as pessoas pecam; ou como conviver com as pessoas. Jesus e os escritores do Novo Testamento lidaram com problemas práticos como esses, mas os cristãos contemporâneos quase sempre os ignoram. Fazer isso é permitir que certos problemas que poderiam ser evitados ou detidos no início venham a crescer.

A ajuda preventiva e a Grande Comissão

A Grande Comissão é um belíssimo exemplo de psicologia preventiva. Jesus sabia que viver neste mundo era difícil. Por isso, ele forneceu diretrizes que nos ajudariam a obter a máxima estabilidade e benefício em nossa vida.

"Lembre-se," disse ele em essência, "que eu tenho todo o poder e autoridade." — Isso nos dá *segurança*.

"Vão e façam discípulos." —Isso nos dá um *propósito* para viver.

"Batizem e ensinem." — Isso nos dá um *padrão* para seguir.

"Lembrem-se das três pessoas da Trindade." — Isso cria *estabilidade* e uma lembrança do grande Deus a quem servimos.

"Estarei com vocês sempre, até o fim dos séculos." — é uma mensagem que dá *esperança* segura para o presente e o futuro.

Paulo era um homem que tinha tudo o que o mundo podia dar — posição, educação, riqueza e autoconfiança. Mas veio a tornar-se discípulo de Cristo e discipulador de outros. Como tal, ele teve de suportar todo tipo de problemas e ajudou outros a fazerem o mesmo. Em sua segunda carta a Timóteo, Paulo deu algumas orientações ao jovem discípulo sobre como prevenir problemas em si mesmo e em outros. Essas diretrizes continuam importantes hoje:

Procura apresentar-te a Deus aprovado, como obreiro que não tem de que se envergonhar, que maneja bem a palavra da verdade. Evita, igualmente, os falatórios inúteis e profanos, pois os que deles usam passarão a impiedade ainda maior...

Foge, outrossim, das paixões da mocidade. Segue a justiça, a fé, o amor e a paz com os que, de coração puro, invocam o Senhor. E repele as questões insensatas e absurdas, pois sabes que só engendram contendas. Ora, é necessário que o servo do Senhor não viva a contender, e sim deve ser brando para com todos, apto para instruir, paciente, disciplinando com mansidão os que se opõem, na expectativa de que Deus lhes conceda não só o arrependimento para conhecerem plenamente a verdade, mas também o retorno à sensatez, livrando-se eles dos laços do diabo, tendo sido feitos cativos por ele para cumprirem a sua vontade (2Tm 2.22-26).

Notas

1. A ciência da prevenção é descrita num artigo um tanto técnico com nove autores, o primeiro dos quais é John D. Cole et al. "The Science of Prevention: A Conceptual Framework and Some Directions for a National Research Program", *American Psychologist* 48 (outubro 1993): 1013-22. Veja também Gerald Caplan, *Principles of Preventive Psychology* (New York: Basic Books, 1964).

2. George W. Albee e Kinberly D. Ryan-Finn, "An Overview of Primary Prevention", *Journal of Counseling and Development*, 72 (novembro/dezembro, 1993): 115-23.

3. Rodger K. Bufford e Trudi Bratten Johnston, "The Church and Community Mental Health: Unrealized Potential," *Journal of Psychology and Theology* 10 (inverno 1982): 355-62.

4. Howard J. Clinebell Jr., ed. *Community and Mental Health: The Role of Church and Temple* (Nashville: Abingdon, 1970), 22. Veja também Kenneth I. Pargament, Kenneth I. Maron, e Robert E. Hess, eds., *Religion and Prevention in Mental Health: Reserarch, Vision, and Action* (New York: Haworth Press, 1992).

12

Ajuda a si mesmo

Há algum tempo eu estava num restaurante em que, para não ser excessivamente crítico, o serviço era menos do que eficiente. Depois de uma longa espera por nosso café, chamei a atenção do garçom e pedi (delicadamente, conforme pensei) se podia servir minha xícara. Sua resposta foi breve e ao ponto: "Senhor, eu o sirvirei quando chegar a sua vez! Não está vendo quantas pessoas ainda tenho de atender?".

Um amigo que estava sentado comigo à mesa deu uma resposta incisiva: "O que ele quer dizer com ter pessoas a quem servir? Ele não sabe que eu também sou uma pessoa?".

Você talvez tenha pensado algo semelhante ao ler as páginas anteriores. Nós nos concentramos mais em como ajudar outros, mas temos de lembrar que o ajudador é "também uma pessoa". Há ocasiões em que nós, os que prestamos ajuda, precisamos receber um pouco de ajuda. Não é fácil para os ajudadores admitirem que algumas vezes somos os que necessitam de encorajamento, apoio, discernimento, orientação e desafios de outros ajudadores. Devemos também pensar em maneiras de ajudar a nós mesmos.

Os ajudadores profissionais debatem igualmente sobre até que ponto os ajudadores podem ajudar a si mesmos, especialmente quando estão enfrentando problemas psicológicos. Damos valor ao aconselhamento cristão, mas até os ajudadores podem relutar em compartilhar fardos com outra pessoa. Em geral, não estamos dispostos a admitir que nós, que ajudamos outros, poderíamos necessitar também de ajuda. Em vez disso, seguimos o exemplo de muitos de nossos pacientes e procuramos um livro ou fita de auto-ajuda.

O negócio da auto-ajuda

Um repórter do *Los Angeles Times* calcula que mais de dois mil livros de auto-ajuda são publicados todos os anos.[1] Eles cobrem quase todos os tópicos imagináveis, são mencionados por editoras e autores entusiastas, são geralmente escritos por e para cristãos e prometem ajudar os leitores a lidarem sozinhos com seus problemas espirituais, comportamentais, relacionais e emocionais. A produção e a venda de materiais de auto-ajuda têm sido chamadas de um grande negócio que está "crescendo além da imaginação". As livrarias, *shoppings centers*, catálogos de mala direta e até bibliotecas das igrejas transbordam de livros de auto-ajuda, CDs, DVDs, e programas de computador para mudanças pessoais. Esses materiais são anunciados com afirmações ousadas, e têm como alvo milhões de pessoas necessitadas querendo encontrar ajuda para tratar seus problemas e inseguranças.

Os críticos afirmam que muitos livros e fitas são produzidos e anunciados de um modo que parece ter dois alvos principais: vender e realçar a reputação de seus autores. Os materiais em questão fazem muitas vezes afirmações puramente especulativas. Os autores e editoras prometem que os materiais produzirão mudança, mas ninguém experimentou cuidadosamente para ver se isso é ou não verdade. Por exemplo, um livro sobre como lidar com o medo tinha na capa estas palavras: "Em um curto período de seis a oito semanas, sem ter de pagar um conselheiro profissional, e na privacidade de sua casa, você pode aprender a dominar aquelas situações que agora o fazem ficar nervoso ou com medo".[2] Não havia nada para sustentar tal afirmativa além dessas palavras na capa do livro. Só podemos imaginar o que acontece com as pessoas que lêem o livro e não mudam de acordo com o que foi prometido. Alguns podem afundar ainda mais em seus problemas e concluir que sua situação é desesperadora. É provável que muitos outros voltem à livraria procurando um livro diferente.

Apesar dessas fraquezas, muitos livros de auto-ajuda e outros materiais dão orientação realmente útil às pessoas que não sabem para quem se voltar, não têm um ajudador à sua disposição, sentem-se envergonhadas de admitir seus problemas, ou não podem pagar ajuda profissional. Outros não estão procurando alívio para problemas graves, mas querem aumentar seu conhecimento e encontrar meios de aperfeiçoar-se e construir relacionamentos melhores. Uma pesquisa feita entre psicólogos descobriu que 90% achavam que os livros de auto-ajuda podiam ser úteis e 60% recomendavam a seus clientes que os lessem.[3] Muitos conselheiros cristãos recomendam livros aos seus pacientes,[4] e os orientadores leigos podem fazer o mesmo.

Como distinguir os bons livros dos restantes? Examine as credenciais da pessoa que escreveu o livro ou produziu os materiais. Verifique se há endossos. Há pessoas cuja opinião você respeita e em quem confia? Pergunte se existe qualquer pesquisa para apoiar o que o autor está dizendo. Se o autor, o divulgador ou o editor fizer afirmações ousadas, tente responder à pergunta: Como saber se isto é verdade? Com o tempo você vai descobrir que algumas editoras e alguns autores são mais confiáveis que outros, mas tenha cuidado em não acreditar em tudo o que lê nos anúncios, vê impresso ou ouve numa fita. Como todo mundo, as pessoas que produzem materiais de auto-ajuda são seres humanos falíveis. A maioria tem boas intenções, mas suas conclusões nem sempre são tão úteis quanto afirmam.

Apesar dessas recomendações, nós—como aqueles a quem procuramos ajudar—podemos tirar proveito de livros, fitas, seminários, grupos de apoio mútuo, ou outros recursos que oferecem aconselhamento, apoio e prestação de contas. Muitos desses recursos oferecem sugestões práticas, úteis, e muitos nos incentivam a continuar observando a nós mesmos.

Observe a si mesmo

No mundo da medicina, o diagnóstico de um problema geralmente precede o tratamento, e o mesmo pode aplicar-se à ajuda a nós mesmos (e a outros). Se pudermos descobrir o que está errado e o que precisa ser mudado, estaremos a meio caminho de fazer algo sobre os nossos problemas.

É claro que isso é mais fácil de dizer do que de fazer. É difícil examinar nossa vida com muita objetividade; e mesmo depois de termos uma idéia do que está errado e do que precisa ser feito, a mudança nem sempre é fácil. Contudo, esse auto-exame é importante na auto-ajuda e pode ser feito em três níveis.

Observando a nós mesmos à luz das Escrituras

O salmo 119 começa com advertências muito úteis: "Bem-aventurados os irrepreensíveis no seu caminho, que andam na lei do Senhor [...] De que maneira poderá o jovem manter puro o seu caminho? Observando-o segundo a tua palavra" (v.1, 9).

Em nossa leitura diária da Bíblia precisamos analisar nosso comportamento, atitudes, pensamentos e sentimentos em relação à Palavra divina de Deus. Deus conhece nossos problemas e conflitos psíquicos interiores melhor que nós mesmos. Ele pode ajudar-nos a conhecer-nos melhor, e seu Espírito Santo nos ajudará à medida que mudamos (Sl 139). Antes de ler a Bíblia, devemos pedir que Deus nos ensine as coisas específicas que precisamos saber sobre ele e sobre nossa pessoa.

Observando a nós mesmos pela auto-avaliação

Segundo, podemos analisar-nos em termos das forças e fraquezas que percebemos. Quando dei cursos de aconselhamento no seminário, cada aluno era solicitado a escrever uma autobiografia que incluía uma lista de seus pontos positivos e negativos, alvos e prioridades na vida, problemas e planos presentes para mudar de modo que as coisas pudessem vir a melhorar. Essa era às vezes uma tarefa difícil, mas quase sempre o exercício valia a pena porque forçava cada aluno a fazer uma auto-avaliação sincera. Algo similar pode ser útil para todos nós, especialmente se fizermos auto-análises regulares.

Observando a nós mesmos como outros nos observam

Essas auto-análises podem ser ainda mais úteis se pudermos compartilhá-las com outra pessoa. Essa é uma idéia que todos os ajudadores aceitam, mas que muitos deixam de pôr em prática, em parte porque pode ser ameaçador ver-nos como os outros nos vêem.

As famílias e amigos íntimos geralmente nos conhecem melhor que nós nos conhecemos, e suas avaliações podem ser às vezes penosas e reveladoras. Perto do final de sua longa vida, minha mãe desenvolveu certas atitudes que me aborreciam. Eu consegui ignorá-las, especialmente porque dava valor ao nosso relacionamento e não achava que havia muito proveito em confrontar minha mãe sobre sua maneira de pensar. Certo dia, porém, eu estava discutindo isso com uma de minhas filhas. "Não permita que eu venha a ser como a vovó neste respeito", sugeri, quase de passagem.

"Papai", respondeu minha filha, "você já é como a vovó". Antes que eu pudesse entrar na defensiva, minha filha confessou (com um brilho nos olhos) que estava vendo algumas dessas atitudes em si mesma. Concordamos em nos ajudar mutuamente para deter alguns de nossos modos de pensar emergentes.

É quase sempre útil abordar mais diretamente a idéia de vermos a nós mesmos como os outros nos vêem. Cada um de nós pode beneficiar-se ao compartilhar conflitos, inseguranças, sonhos e outros assuntos pessoais com outra pessoa que esteja disposta a ouvir e fazer sugestões. Seria possível argumentar que não podemos conhecer realmente a nós mesmos até que tenhamos nos revelado a pelo menos outra pessoa importante para nós. É claro que podemos nos exceder nisso. A maioria de nós conhece pessoas que falam incessantemente sobre si mesmas e seus problemas. Quem está por perto ouve os detalhes, até repetidos, e isso aborrece a todos menos a quem fala. Em contraste, há outros tão reservados que ninguém os conhece. Uma saída mais equilibrada e saudável é compartilhar francamente com um cônjuge ou amigos íntimos que podem dar opiniões sinceras, encorajamento e orientação quando necessário.

Aprenda a aceitar a si mesmo

Cada um de nós tem um autoconceito, um retrato de quem é e como é. Se você pensar: *Sou um bom cristão*; *Sou uma dona de casa fracassada*; *Sou gorda demais* ou *Sou o dom de Deus para as mulheres,* tudo isso faz parte do seu autoconceito ou autoimagem.

A melhor maneira de fazer uma idéia clara a respeito é preparar uma lista dos adjetivos que o descrevem. A lista pode incluir características físicas (tais como, boa aparência, calvo, ou nariz grande), características de sua personalidade (como amigável, impaciente ou extrovertido), habilidades e crenças ("Sou uma mulher que crê em Deus"), valores morais ("Sou uma pessoa que se opõe ao aborto") e os vários papéis que cumpre (tais como marido, pai, filho, diácono, negociante, líder de escoteiros etc.). Ao examinar a lista, você descobrirá que algumas das coisas relacionadas são desejáveis (como ser uma pessoa amigável, por exemplo), enquanto outras são menos desejáveis (por exemplo, ser preguiçoso). Alguns aspectos da sua auto-imagem deverão ser provavelmente firmemente mantidos, mas você talvez tenha menos segurança sobre outras partes.

A auto-imagem é importante porque determina muito do seu comportamento. Se uma mulher vê a si mesmo como uma negociante capaz, por exemplo, ela irá funcionar de modo muito diferente da pessoa que acha que não tem pendor para negócios. O professor de faculdade que reconhecer ser um bom mestre, mas um pesquisador menos capaz, manifestará comportamento de acordo com essa autopercepção. Outros podem discordar de nossas auto-análises, mas na maioria das vezes nos comportamos, pensamos e até sentimos conforme os autoconceitos que formamos no decorrer de anos de aprendizado.

Muitos cristãos desenvolveram a atitude de que os cristãos dedicados devem ter uma auto-imagem negativa, de que é um indício de maturidade espiritual que os cristãos sempre se desvalorizem. Em vista dessa atitude, muito levam uma vida infeliz e ainda se orgulham de que não valem realmente nada.

Precisamos reconhecer que embora tivéssemos sido e ainda sejamos pecadores, absolutamente incapazes de efetuar nossa própria salvação, somos também seres humanos criados à imagem de Deus. Aliás, Deus nos considerou tanto, que enviou seu Filho para pagar por nosso pecado com sua própria morte. Não somos obrigados a submeter nossa vida a esse Cristo—Deus permite que tenhamos livre-arbítrio —, mas quando nos submetemos, tornamo-nos novas criaturas. Somos cheios com o Espírito Santo, recebemos dons espirituais especiais e nos foi concedido o privilégio de servir ao soberano Senhor do universo. Deus nos considera agora seus filhos e filhas (Rm 8.15; Gl 4.4-7; Ef 5.1), a quem ele conhece e de quem cuida pessoalmente. Na verdade, é claro, nada disso aconteceu por sermos dignos de tratamento especial. Aconteceu apenas por causa da bondade e misericórdia de Deus.

Essa percepção dever mudar drasticamente a auto-imagem do indivíduo. Somos pessoas de valor, filhos do rei, não por causa de nossos atos ou estilo de vida, mas pelo que ele fez. Não negamos nossas habilidades ou sucessos. Nós os aceitamos como vindos de Deus, nós os reconhecemos com gratidão e desenvolvemos uma auto-imagem positiva, baseada no que Deus fez e está fazendo em nossa vida.

Seja um discípulo

Não é fácil ser honesto ao nos analisarmos ou ao compartilhar essa análise com outra pessoa. Porém, pode ser difícil também ser honesto com Deus.

Quando criou a raça humana, Deus nos colocou num ambiente maravilhoso, e pretendeu claramente que os seres humanos tivessem um relacionamento aproximado e íntimo com ele. Não querendo nos tornar robôs, Deus nos deu uma vontade e com ela a liberdade de nos voltarmos contra ele. Foi isso que aconteceu; primeiro no Jardim do Éden, e depois na vida dos descendentes de Adão e Eva.

A Bíblia usa uma palavra pouco popular para descrever a rebelião humana. Ela a chama de *pecado*, e faz parte de todos nós (Rm 3.10-12, 23). O pecado nos separa de Deus, mas faz ainda mais que isso. Ele se encontra na raiz de todos os nossos problemas. Por essa razão, mais cedo ou mais tarde, devemos enfrentar a questão do pecado se quisermos ajudar as pessoas, incluindo a nós mesmos. Devemos confessar nosso pecado pessoal e, mediante oração, convidar Jesus Cristo para tornar-se Senhor da nossa vida (Rm 10.9; 1Jo 1.9). Ao fazer isso, temos a segurança da vida eterna no céu e de uma vida plena, abundante, aqui na terra (Jo 3.16; 10.10).

A Bíblia não se refere à salvação por boas obras, batismo, filiação à igreja, ou qualquer outra coisa. A salvação é um dom de Deus; e podemos aceitá-la, rejeitá-la, ou ignorá-la, mas nunca comprá-la (Rm 6.23; Ef 2.8, 9).

Quando o indivíduo toma esse compromisso com Jesus Cristo, seus problemas imediatos *podem* desaparecer repentinamente, mas quase sempre continuam os mesmos, e algumas vezes até pioram. Mesmo assim, em meio aos nossos problemas temos paz com Deus (Rm 5.1) e uma nova fonte de poder para enfrentar a vida e manter a estabilidade mental (2Tm 1.7). Tornar-se discípulo de Jesus Cristo é uma parte importante da ajuda às pessoas porque permite que entreguemos nossos problemas a um Deus todo-poderoso e sábio que se comove com as nossas dificuldades e está pronto a fazer algo a respeito (1Pe 5.7).

Tenho um colega que diz a seus pacientes: "Não sei o que fazer com o seu problema, mas tenho um Amigo que sabe!". Essa é uma verdade encorajadora, especialmente em crises de estresse. Esse Amigo divino pode ajudar tanto o orientador quanto o paciente.

Andar no Espírito

Muitos entregam sua vida a Cristo, mas parecem nao crescer espiritualmente. Continuam "crianças em Cristo" a vida inteira, e por causa dessa imaturidade acham difícil compreender a Bíblia, conviver com as pessoas e lidar com um temperamento explosivo ou com atitudes interiores como a inveja (1Co 3.1-3). Para crescer como cristãos precisamos ser imitadores de Cristo.

Efésios 5 explica o que isso significa. Ser imitador de Cristo significa que nosso estilo de vida deve ser caracterizado por amor (Ef 5.2), pureza moral (v. 3-7), comportamento agradável a Deus (v. 8-14), sabedoria (v. 15-17) e por "ser cheio do Espírito" (v. 18). Em Gálatas 5.16, Paulo chama isso de "andar no Espírito" e é esse o segredo do crescimento cristão.

Antes da crucificação, Jesus prometeu que o Espírito Santo viria como um consolador-professor, e os discípulos experimentaram o poder do Espírito no dia de Pentecostes (At 2). A maioria dos cristãos acredita que quando nos entregamos a Cristo, o Espírito Santo vem viver em nós. Ele nunca nos deixa, mas pode ser "apagado" ou sufocado (1Co 6.19; 1Ts 5.19).

Os cristãos devem, porém, "andar no Espírito" todos os dias. Isso envolve examinar freqüentemente a nós mesmos e confessar o pecado, submetendo-nos completamente a Deus e pedindo ao Espírito Santo que nos encha (Lc 11.13; Rm 6.11-13; 1Jo 1.9). Efésios 5.18 acrescenta que devemos manter-nos cheios com o Espírito, permitindo que ele controle diariamente nossa vida. Os resultados talvez não sejam espetaculares exteriormente, mas logo descobrimos (e os outros também) que o fruto do Espírito está crescendo em nossa vida. Esse fruto não é como maçãs e laranjas. Em vez disso, ele inclui amor, alegria, paz, paciência, bondade, benignidade, fidelidade, mansidão e domínio próprio (Gl 5.22, 23).

Nada disso resulta de alguma fórmula de auto-ajuda. É uma transformação da personalidade que surge por termos tomado a decisão de andar no Espírito e de permitir que ele controle nossa vida e emoções.

Três círculos

No capítulo 2, propusemos que pensar, sentir e agir são importantes na vida de alguém. O que distingue o cristão que está andando no Espírito do não-cristão é o centro em torno do qual a vida dele gira. O não-cristão tem como centro o ego.

No cristão que não cresce, Cristo entrou em sua vida mas foi deixado em posição secundária, de modo que os pensamentos, sentimentos e comportamento continuam egocêntricos e autodirigidos. Quando andamos no Espírito, entretanto, Cristo entrou no centro da nossa vida, e ele controla as três partes por meio do Espírito Santo. Note que não perdemos nossa personalidade única de modo que o "eu" seja eliminado. Nossos interesses pessoais são submetidos a Cristo, mas ele trabalha mediante o "eu" para influenciar nossos pensamentos, sentimentos e atos. Quando isso acontece, começamos a crescer como cristãos. Esse deve ser o alvo principal para os discípulos e discipuladores, incluindo nós mesmos.

Crescendo em maturidade

A vida do cristão não é uma camisa-de-força de regras e normas; é uma vida que nos dá liberdade para crescer. Mas, como qualquer organismo em crescimento, o cristão cresce mais depressa quando segue algumas regras para a boa saúde.

Em Romanos 8.29 lemos que Deus quer que seus seguidores sejam feitos à imagem de seu Filho. Devemos ter como nossa meta de vida ser como Jesus. Isso significa que devemos conhecê-lo o mais intimamente possível. Fazemos isso mediante o estudo bíblico e contato freqüente com ele pela oração. Todo cristão sabe disso; porém, muitas vezes, criamos desculpas para evitar a ingestão de alimento espiritual tão importante para o crescimento e desenvolvimento espiritual.

Além dessa alimentação, o exercício é vital. Você já notou quantas vezes a Bíblia associa *o que Deus fez por nós* com *o que fazemos por outros*? A oração do Senhor é um bom exemplo: "Perdoa-nos as nossas dívidas, assim como nós temos perdoado aos nossos devedores... Porque se perdoardes aos homens as suas ofensas, também vosso Pai celeste vos perdoará; se, porém, não perdoardes aos homens [as suas ofensas], tampouco vosso Pai vos perdoará as vossas ofensas" (Mt 6.12-15).

No Sermão do Monte esse princípio é repetido: "Bem-aventurados os misericordiosos, porque alcançarão misericórdia" (Mt 5.7). "Pois, com o critério com que julgardes, sereis julgados; e, com a medida com que tiverdes medido, vos medirão também" (Mt 7.2). Aos escrever aos filipenses, Paulo assegura a seus leitores que o seu "Deus, segundo a sua riqueza em glória, há de suprir, em Cristo Jesus, cada uma de vossas necessidades" (Fp 4.19). Mas ele acabara de mencionar que os filipenses haviam sido muito generosos ao suprir as necessidades do próprio Paulo. Tiago adverte que "o juízo é sem misericórdia para com aquele que não usou de misericórdia" (Tg 2.13).

Parece haver aqui um princípio que se aplica aos orientadores quando queremos perdão, tratamento justo, coisas materiais, amor, ajuda, atenção ou qualquer outra coisa. O melhor lugar para começar a receber é dando a outros. Ao ajudar outra pessoa, crescemos na maturidade cristã, ajudamos a nós mesmos e nossas necessidades são satisfeitas enquanto provemos para outros.

Descubra e desenvolva seus dons espirituais

Num capítulo anterior, vimos que cada cristão possui um ou mais dons espirituais. Ao descobrir esses dons e desenvolvê-los, encontramos nosso verdadeiro propósito na vida, e cada um de nós tem a satisfação de fazer uma contribuição única para o corpo de Cristo.

Embora a Bíblia não nos dê uma fórmula exata para descobrir nossos dons espirituais, podemos estar certos de que o mesmo Deus que nos diz que temos dons vai nos ajudar a descobrir quais são eles. Você pode começar fazendo a si mesmo perguntas como as seguintes:

- Que habilidades especiais os outros vêem em mim?
- O que me pedem mais para fazer e o que nunca pedem que eu faça?
- O que gosto de fazer? (Deus não é um desmancha-prazeres; ele quer que sejamos felizes na maneira como servimos a ele.)

- No que tenho mais sucesso? (Isso pode exigir um pouco de tentativa e erro.)
- Essas atividades bem-sucedidas enriquecem ou beneficiam outros? Elas edificam o corpo de Cristo?

Em geral, os dons surgem claramente, mas mesmo antes de termos um conhecimento completo de nossos dons, podemos começar a servir. Por meio de tentativa e erro, logo descobrimos esses dons que nos foram dados por Deus e que são úteis para ajudar todo o corpo de Cristo.

Obtendo ajuda ao trocar de fardos

Gosto de fazer as coisas por mim mesmo. Algumas vezes passo por dificuldades retraindo-me ou ficando deprimido, mas em geral me sinto melhor quando estou no controle de uma situação e posso fazer alguma coisa a respeito. É fácil para mim compartilhar isso porque parece que a maioria das pessoas é também assim—pelo menos nos países em que o individualismo e a tecnologia são altamente valorizados.

Mas as Escrituras dão uma mensagem diferente. No Antigo e Novo Testamento somos aconselhados a lançar nossos fardos sobre o Senhor (Sl 55.22; 1Pe 5.7). Jesus também enfatizou isso (Mt 6.25; 21.28, 29); porém, muitos cristãos demoram a entender a mensagem. Ou carregamos nos ombros todos os nossos cuidados, ou os damos a Deus em oração e depois os tomamos de volta.

Paulo passou por esse problema. Ele tinha um "espinho na carne" que o maltratava. Certo dia, compreendeu que Deus sabia tudo sobre seu fardo, e Paulo deixou então que ele lidasse com a situação e relaxou (2Co 12.7-10). Em contraste, lemos no Antigo Testamento que Jacó tentou dirigir sua própria vida. Ele se envolveu em tramas intelectuais e até fraudes para conseguir o que queria. A seguir foi morar com Labão e encontrou alguém igualmente ardiloso. Só quando lutou com Deus, Jacó veio a submeter-se e entregar toda a sua vida ao Senhor.

O espírito de independência e seu individualismo rude coloca muitos de nós em dificuldades similares. Quando surgem dificuldades financeiras, problemas ao lidar com um filho desobediente, necessidade de encontrar um novo lugar para viver, ou desejo de fazer uma carreira ou expandir um ministério, começamos a planejar para que tudo isso aconteça. Algumas vezes temos sucesso; outras, fracassamos. Mas, em geral, carregamos um fardo que não deveria ser nosso.

Esse não é um convite à inatividade ou falta de previsão; é um lembrete de que nosso Deus soberano conhece tudo sobre a nossa vida. Precisamos desenvolver a prática de lançar nossos fardos sobre ele e confiar nele para arranjar uma solução em vez de tentar fazer tudo sozinhos. Esse é um passo importante na auto-ajuda: deixar de "esforçar-nos" e saber que ele é o Deus exaltado (Sl 46.10).

Junte-se a um grupo e faça algo positivo

Desde o começo dos Alcoólicos Anônimos, em 1935, centenas de milhares fizeram parte de um programa de reabilitação bem-sucedido em que as pessoas com problemas de bebida se ajudaram mutuamente. Depois disso, diversos grupos de auto-ajuda, ajuda mútua, apoio e recuperação vêm se reunindo constantemente e sido úteis para os que lutam com toda sorte de problema imaginável. Esses grupos promovem a comunicação interpessoal, cuidados e auto-revelação. Isso, por sua vez, em geral leva a níveis mais elevados de intimidade, apoio, sentimentos de aceitação e de pertencer, compromisso e prestação de contas.

Algumas vezes a atividade e o envolvimento com outros podem ser os melhores tipos de terapia. Mesmo assim, muitos de nós provavelmente são culpados do que foi chamado de *síndrome da corrida do ouro*. Nos dias da corrida ao ouro, o garimpeiro não ousava parar para ajudar alguém que estivesse em dificuldades. Fazer isso era perder tempo, e então alguém, até o homem que fora ajudado, poderia passar na frente do ajudador e descobrir o melhor garimpo. O resultado era uma existência altamente individualizada, egocêntrica, particular. Como os homens que passaram pelo viajante ferido antes do bom samaritano aparecer, corremos pela vida, mergulhados em nossos pequenos mundos, e talvez carregando nossos próprios problemas. Avançamos em direção aos nossos alvos e deixamos de compreender que ajudar outra pessoa tem grande valor terapêutico para o ajudador. Essa não é a única solução para os nossos problemas, mas quando ajudamos alguém, em geral recebemos os maiores benefícios.

Descubra um conselheiro

Um dos melhores meios de ajudar a nós mesmos é descobrir alguém que possa nos ajudar a ter uma melhor perspectiva de vida e a enfrentar nossos problemas. Muitos relutam em fazer isso, pois pensam que implica que somos fracos e incapazes de resolver nossos problemas pessoais. Na verdade, porém, encontrar um orientador e admitir nossa fraqueza é realmente um sinal de força (2Co 12.10). Significa que enfrentamos o problema e decidimos encontrar outra pessoa cuja perícia e objetividade possam ajudar-nos, da mesma forma que no futuro talvez pos-samos auxiliar alguém por nossa vez.

Receber ajuda é sempre difícil. Isso pode fazer que nos sintamos fracos ou inferiores e contradiz o individualismo rígido ao qual damos tanto valor. Na verdade, somos todos fracos e necessitamos uns dos outros. Obter a ajuda necessária faz muito mais sentido que ficar sentado, sentindo pena de nós mesmos e lutando (com fracassos repetidos) para vencer uma situação que talvez não compreendamos ou não controlemos perfeitamente. Um dos fatores que propiciam o crescimento em maturidade é aceitar a ajuda e ministério de outros cristãos e conselheiros.

Palavra final

Em toda a nossa missão de ajudar, quer tentemos ajudar a nós mesmos ou a outros, nunca devemos esquecer nosso objetivo. A Grande Comissão ensina, na verdade ordena, que todo cristão dê testemunho e faça discípulos. Ao receber poder da parte de Cristo, devemos ser seus instrumentos na transformação de vidas.

A mudança começa em nós como indivíduos. Você é um verdadeiro seguidor de Cristo? Está crescendo como discípulo? Está tocando outros com a mensagem do evangelho? Está se chegando a outros para ajudá-los no corpo de Cristo enquanto crescem para a maturidade cristã? Você, como Paulo, está contribuindo para o treinamento de outros (e isso inclui os membros de sua família), de modo que eles, por sua vez, possam ser discípulos e discipuladores? Se a resposta a qualquer dessas perguntas for negativa, você precisa então fazer mudanças em sua vida. Se puder responder SIM, já é um ajudador, quer compreenda isso, quer não.

Notas
1. Gerald M. Rosen, "Self-Help or Hype? Comments on Psychology Failure to Advance Self-Care", *Professional Psychology: Research and Practice* 24 (agosto 1993): 340-45. Parte do material nesta parte do livro foi adaptada do artigo de Rosen.
2. Gerald M. Rosen, *Don't Be Afraid* (Englewood Cliffs, N.J.: Prentice Hall, 1976).
3. Citado por Albert Ellis, "The Advantages and Disadvantages of Self-Help Therapy Materials", *Professional Psychology: Research and Practice* 24 (agosto 1993): 335-39.
4. M. Atwater and D. Smith, "Christian Therapists' Utilization of Bibliotherapeutic Resources", *Journal of Psycholoty and Theology* 10 (1982): 230-35.

Exercícios de aperfeiçoamento, reflexão e dinâmica de grupo

1. Coração ajudador

1. O que o torna interessado em ser um ajudador? Faça uma relação de suas razões numa folha de papel. Seja extremamente sincero e não inclua simplesmente as respostas politicamente corretas. Discuta algumas delas com seu grupo.

2. Ajudar é uma tarefa mencionada freqüentemente na Bíblia. Verifique cada uma das seguintes referências e considere como Deus ajuda as pessoas: Salmos 46.1; Provérbios 3.5, 6; Isaías 40.32; Filipenses 4.19; Hebreus 4.16; 13.6. Procure agora as seguintes passagens e anote como Deus usa pessoas para ajudarem outras: Mateus 10.8; Romanos 12.15, 20; Gálatas 6.2; 1João 3.17.

3. "Ajudar é tarefa de todos." O que você acha dessa declaração do autor? Que apoio a Bíblia dá para essa posição? (Leia Mt 10.8; Rm 12.15, 20; Gl 6.2; 1Jo 3.17.)

4. Ser discípulo de Jesus Cristo é o requisito básico dos ajudadores cristãos. É, portanto, importante examinar de perto nosso compromisso de aperfeiçoar-nos pessoalmente como seguidores de Jesus antes de iniciar a jornada de um ajudador. Como Jesus está influenciando seus valores, metas, prioridades e propósitos na vida agora? Você vê algumas áreas que necessitam de aperfeiçoamento? Caso positivo, como planeja fazer as mudanças positivas necessárias? Compartilhe algumas delas com o grupo.

5. O autor cita três características principais de um discípulo: obediência, amor e produtividade. Se Jesus se sentasse a seu lado como seu conselheiro, o que ele lhe diria sobre essas três áreas da sua vida?

6. Ser um discípulo de Jesus Cristo tem um custo definido. Que sacrifícios ou custos você espera pagar enquanto procura seguir seriamente a Jesus Cristo e ajudar outros em seus problemas e conflitos? Discuta isso com o grupo.

7. Imagine-se por um momento como alguém que está buscando ajuda. Como gostaria de ser tratado? O que esperaria do encontro com um ajudador?

2. Os fundamentos da arte de ajudar

1. Já que ser discípulo de Jesus Cristo é um requisito básico para os ajudadores cristãos, você deve começar a ajuda examinando a si mesmo. Você convidou Jesus Cristo para ser Senhor e Salvador de sua vida (Jo 3.16; Rm 10.9)? Você está procurando afastar-se do pecado e confessar o pecado quando ele ocorre (1Jo 1.9; 2.1)? Você está lendo regularmente a Bíblia, passando tempo em oração e adorando com outros cristãos (1Ts 5.17; 2Tm 3.14-17; Hb 10.25)? Se respondeu NÃO a qualquer dessas perguntas, como planeja mudar?

2. O "primeiro princípio" de um ajudador afirma que personalidade, valores, atitudes e crenças do ajudador são de primordial importância. Com que questões e preocupações pessoais você está lutando no momento? Faça uma lista e seja novamente sincero—Deus já sabe!

3. Ao examinar sua lista para a pergunta 2, que conflitos você estaria disposto a compartilhar num jogo de interpretação de aconselhamento com outro membro do grupo? Dividam-se em pares e faça a interpretação com uma pessoa atuando como o ajudador e a outra como o ajudado. Troquem de papéis. De pois de terminar, discuta com seu parceiro a interpre-

tação. O que foi proveitoso e o que não foi? Como poderia ter sido melhor?

4. Você acha que as habilidades de ajuda como empatia, calor humano e sinceridade podem ser aprendidas? Numa escala de 1 a 10, avalie a si mesmo em cada uma dessas habilidades. Que medidas práticas você pode tomar para melhorar sua classificação em qualquer uma dessas áreas? Discuta isso em seu grupo.

5. O "segundo principio" afirma que as atitudes, expectativas e desejos do ajudado são determinantes e importantes da ajuda eficiente. O que você poderia fazer para ajudar a motivar um paciente que não espera mudar ou que não se interessa muito em ser ajudado?

6. O "terceiro princípio" enfatiza a importância do relacionamento no processo de ajuda. Como podemos conseguir uma boa convivência com nossos pacientes? Como sua abordagem a um adolescente lutando com sua sexualidade difere da abordagem a um paciente acamado num hospital?

7. Qual sua reação à afirmativa do autor de que os pensamentos, sentimentos e comportamento são considerações importantes no processo de ajuda? Em qual dessas áreas você age com mais facilidade? Em qual se sente menos confortável? Como você pode aumentar seu nível de conforto nas áreas mais fracas?

3. As técnicas de ajuda

1. O que Jesus ensinou sobre ajudar as pessoas? Veja os seguintes exemplos e faça uma relação de algumas das conclusões: Marcos 10.13-29; Lucas 10.25-37; 24.13-35; João 8.2-11. Você conhece outros exemplos?

2. A fim de tomar conhecimento da importância das habilidades de ajuda, arranje um parceiro no seu grupo. Um de vocês revelará um item de interesse pessoal, enquanto o outro

tenta violar todas as regras de bom atendimento (mau contato visual, falta de atenção no que ouve etc.). Troquem de papéis depois de alguns minutos. Quando terminar, discuta como se sentiu ao não ser bem atendido por seu parceiro. Que tipo de impacto a falta de atenção teria sobre alguém que buscasse sua ajuda?

3. A habilidade da empatia básica é um meio pelo qual os orientadores comunicam que estão verdadeiramente ouvindo os orientados. Tiago 1.19 também enfatiza a importância de ouvir. O que torna o ouvir difícil para você? O que pode fazer para melhorar suas habilidades de ouvir? Como você se sente quando alguém realmente escuta o que você diz?

4. A fim de praticar a arte de ouvir nas três áreas de interesse da ajuda (pensamentos, sentimentos, comportamentos), dividam-se em grupos de três. Interpretem uma situação típica de aconselhamento (mãe com adolescente perturbado, pai com dificuldades de trabalho, etc.) em que a primeira pessoa agirá como o ajudado, a segunda como o ajudador e a terceira como o observador. Usando habilidades de ouvir com empatia, comunique sua compreensão do ajudado nas três áreas. Depois de cinco minutos, permita que o observador e o paciente informem o orientador sobre sua performance. Troquem de papéis e repitam.

5. Pense em seus relacionamentos com outras pessoas. Você tende a confrontar rapidamente outros ou hesita em confrontar? Como devemos confrontar outros (Mt 7.1; Gl 6.1)? Se você for precipitado demais no confronto, que medidas pode tomar para ser mais amável? Se acha o confronto difícil, o que pode fazer para tornar-se mais decidido ao confrontar outros?

6. Qual a ligação entre a ajuda às pessoas e o discipulado? Que implicações o processo de discipulado tem sobre a ajuda às pessoas? Num sentido prático, como isso influenciará a ajuda que você presta?

4. Os procedimentos de um ajudador

1. Você se lembra de alguns relacionamentos de orientação na Bíblia? O que caracterizou esses relacionamentos e como isso se aplica a você? Veja Rute 1. Leia 2Timóteo 2.2 e considere o relacionamento entre Paulo e Timóteo (1Co 4.17; Fp 2.22; 1Tm 1.18; 2Tm 1.1-14).

2. Ouvir eficazmente, assim como tocar um instrumento, exige prática. Dividam-se em grupos de três (orientador, orientado, observador) e interpretem uma situação de aconselhamento. Lembre-se de não ultrapassar o que o orientado diz; simplesmente reproduza, em suas próprias palavras, os pensamentos, sentimentos e comportamentos do orientado.

3. Discuta a declaração do autor: "É preciso haver um longo período de ouvir, compreender e explorar antes que comecemos a caminhar para as soluções". Que perigos estão envolvidos em dar conselhos ou pressionar para a pessoa agir depressa demais? Refletindo sobre seus relacionamentos de ajuda no passado, você tende a mover-se depressa ou devagar demais na implementação de soluções? Que medidas práticas pode tomar a fim de refrear (ou apressar) o processo de caminhar para a sugestão de soluções?

4. O "Passo 3" do modelo envolve *explorar alternativas* que possam ser usadas para implementar mudanças na vida do orientado. Como grupo, procurem possíveis estratégias de ação para os orientados em situações difíceis (alunos de faculdade lutando com um namoro, mãe sozinha tentando equilibrar o trabalho e os filhos, homem lutando com o vício da pornografia, etc.). Seja realista e criativo!

5. Dividam-se em grupos de três e escolham uma das situações-problema que discutiram na pergunta 4. Depois formulem o melhor plano de ação. É importante ser específico e detalhado na implementação do plano, portanto, trabalhem juntos para resolver como o orientado poderia fazer essas mudanças em

sua vida diária. Como orientador, o que você pode fazer para motivar o orientado a seguir o plano?

6. As necessidades do mundo ao nosso redor podem ser esmagadoras, mas podemos fazer diferença junto a uma pessoa de cada vez. Pense nos indivíduos em sua vida neste momento. Há alguém que poderia usar sua ajuda ou a quem você pudesse orientar? Reflita sobre estratégias de como causar impacto sobre essa pessoa (Passo 3) e formule um plano específico (Passo 5) para colocar sua estratégia em ação. Comece a aventura de ser um ajudador com esse plano!

5. Ajudador: um paraprofissional

1. A Bíblia está cheia de referências sobre ajudar nossos irmãos e irmãs em Cristo. Nos versículos abaixo procure diretrizes práticas sobre a ajuda de amigo para amigo: Zacarias 7.9; Mateus 18.15; Lucas 17.3, 4; Romanos 14.10-13; 1Coríntios 9.9-13; Gálatas 6.1; Tiago 1.19; 2.1-5; 5.19, 20; 1João 2.9, 10. O que Gálatas 1.10 sugere sobre restringir nossa ajuda aos irmãos na fé?

2. Pratique suas habilidades de ouvir com outra interpretação de uma situação de aconselhamento. Em grupos de três (ajudador, ajudado e observador) continuem a trabalhar na questão de ouvir pensamentos, sentimentos e comportamentos. Não esqueça de separar tempo para obter informação do orientado e observador depois de terminar a interpretação. Pergunte o que você fez bem e o que poderia ser melhorado. Troque de lugar com os outros membros do grupo e repita o exercício se houver tempo.

3. Você acha que tem um dom especial para ajudar pessoas? Que evidência indicaria a presença desse dom na vida de um cristão? Alguém pode continuar sendo um ajudador mesmo que não se ache especialmente dotado?

4. Richard Foster declarou que dinheiro, sexo e poder são três laços que podem nos fazer cair na armadilha do pecado. Divi-

dam-se em grupos de três e discutam quais os perigos que você precisa ter mais cuidado em evitar. (Exemplos: excesso de curiosidade, estímulo sexual, vazamento de confidências, ênfase espiritual pouco equilibrada). Que providências práticas você pode tomar para evitar que problemas como esses venham a ocorrer?

5. Na tabela 5.1 o autor relaciona oito características da ajuda às pessoas. Numa escala de 1 a 10, classifique a si mesmo em cada uma dessas características. O que isso indica sobre a conveniência de você se tornar um ajudador? Como pode melhorar as áreas em que as notas são baixas? Compartilhe isso com outros membros do grupo caso sinta-se à vontade em fazê-lo.

6. O estresse

1. Leia Colossenses 3.1-17. O que esse trecho bíblico ensina sobre a mente (v. 2); a imoralidade e a cobiça (v. 5-7); ira, críticas e mentira (v. 8-10); compaixão, paciência, perdão, amor e paz (v. 12-15); o estudo bíblico e a adoração (v. 16): e a vida diária (v. 17)? De que maneira Colossenses 3.1-17 ajuda você a lidar com o estresse? Como Filipenses 4.4-9 é útil? Seja específico.

2. Mais uma vez, dividam-se em grupos de três e façam o ajudado revelar como o estresse está causando um impacto em sua vida. Use o ouvir atentamente e a empatia para responder aos pontos positivos e negativos compartilhados pelo paciente. Dê informações ao observador e depois troquem de papéis.

3. Em vista de o estresse ser um aspecto indiscutível da vida moderna, como o conhecimento das causas e reações ao estresse nos permite ser melhores ajudadores?

4. Dividam-se em grupos de quatro e discutam a seguinte situação. Um homem por volta dos trinta procura você solicitanto ajuda. Ele é um pai com dois filhos pequenos (oito e cinco anos), e perdeu a mulher num acidente de carro há um ano. Que tipos de estresses ele está provavelmente experimen-

tando? O que você pode fazer como ajudador para ajudá-lo a administrar esses estresses?

5. Pense sobre o grupo de pessoas com quem você tem mais probabilidade de trabalhar como ajudador. Que estresses em particular elas enfrentam? O que você pode fazer para ajudá-las a enfrentá-los?

6. O encorajamento é um instrumento poderoso que pode elevar o espírito dos que estão se sentindo sobrecarregados pelo peso do mundo. Discuta em grupo alguns meios práticos de encorajar outros. Como clichês que parecem encorajadores na superfície podem ser na verdade contraproducentes ("Basta confiar em Jesus!" ou "Não deixe de orar sempre!")?

7. Pratique um ato de bondade sem interesse pessoal nesta semana e, na reunião seguinte, compartilhe, com o grupo, o que fez.

7. Ajuda em uma crise

1. A Bíblia menciona várias situações críticas, incluindo Moisés e os israelitas fugindo do exército do faraó, Jonas na barriga do peixe e Daniel na cova dos leões. A passagem de 2Coríntios 11.23-28 resume algumas das crises do apóstolo Paulo. João 11.1-44 registra outra crise. É claro que não podemos ressuscitar ninguém dos mortos, mas o que podemos aprender sobre aconselhamento em tempo de crise, nesse capítulo?

2. Dividam-se em grupos de três (ajudador, ajudado e observador) e interpretem uma situação de crise (tal como um cônjuge que acabou de perder seu parceiro, ou uma pessoa que viu demitido do emprego, o principal provedor da família). Use as habilidades básicas de ouvir atentamente e de empatia, lembrando dos aspectos únicos da ajuda nas crises.

3. O autor distingue entre dois tipos principais de crise: de desenvolvimento e acidental. De que forma sua ajuda difere de cada categoria de crise? De que forma é similar?

4. Retroceda a um período de crise pessoal em sua vida. O que foi feito que o tenha ajudado? O que não ajudou? O que mais poderia ter sido feito a seu favor?

5. A experiência de crise pode gerar emoções fortes. Até que ponto você se sente confortável com expressões de ira, tristeza, desespero etc.?

6. Em geral, ajudar numa crise envolve ser mais direto e prático do que de hábito. Faça uma lista das situações de crise que poderiam acontecer às pessoas em sua igreja. Como ajudador, que ajuda prática você poderia dar em cada uma dessas situações críticas?

7. Pense sobre seu círculo de amigos e conhecidos. Há alguém experimentando uma crise progressiva ou acidental? Quais algumas das coisas que você poderia fazer para ajudar? Decida fazer algo esta semana para a pessoa em crise.

8. Ajuda em momentos de desespero

1. No Antigo Testamento, Jó foi um homem que experimentou várias crises, uma após outra. (Leia os dois primeiros capítulos de Jó.) Não há evidência de que ele tenha considerado o suicídio, mas chegou a questionar o valor da vida. Como os consoladores de Jó ajudaram nos três últimos versos do capítulo 2? Mais tarde eles se tornaram mais um tropeço que uma ajuda. Examine os seguintes versículos e veja como Jó reage e como Deus responde: Jó 19.1-3; 32.3; 42.7. O que isso lhe ensina sobre ajudar pessoas muito necessitadas?

2. A idéia de ajudar um suicida pode ser aterradora para um ajudador novo. Discuta no grupo que preocupações você tem sobre como ajudar numa situação de suicídio.

3. Em grupos de três, interprete uma situação em que o paciente está pensando em suicídio. Que detalhes é importante notar? Como você pode avaliar a seriedade da situação?

4. O encaminhamento é quase sempre uma decisão sábia para os ajudadores com um paciente suicida. Que recursos estão disponíveis em sua comunidade? Que passos você pode dar no sentido de fazer um encaminhamento?

5. O autoconhecimento é um atributo essencial para o ajudador. Que sintomas ou problemas num paciente o deixariam embaraçado ou desejoso de encaminhá-lo para outra pessoa? Em geral, que tipo de problemas devem ser encaminhados?

6. Discuta como você lidaria com um paciente suicida que se recusa a ser encaminhado. Quais as opções disponíveis, caso não haja conselheiros profissionais em sua comunidade?

7. Como você responderia a um dos críticos de psicologia contemporâneos que acredita que deveríamos encaminhar pacientes cristãos a conselheiros profissionais.

8. Uma mulher em sua congregação se aproxima de você depois da reunião de oração noturna e diz: "A virgem Maria falou comigo esta noite, e ela insiste em que devo divorciar-me de meu marido!". O que você faria?

9. Ajuda por telefone

1. Por razões óbvias, a Bíblia nunca fala de ajudar pessoas por telefone. Mas a Bíblia contêm muitos exemplos de ajuda a pessoas à distância. Os melhores exemplos talvez sejam encontrados nas epístolas do Novo Testamento (leia Mateus 11.1-5). Quem precisava de ajuda? Qual era o problema? A quem Jesus ajudou? O que podemos aprender desse exemplo?

2. Quais são alguns dos obstáculos próprios da ajuda por telefone? Como podemos vencer alguns desses obstáculos?

3. Dividam-se em pares, virem-se de costas (para que um não veja o outro) e encenem uma situação de ajuda numa crise que você está tratando por telefone. De que forma sua ajuda

era diferente quando você não tinha conhecimento verbal? Que habilidades e técnicas são importantes nessa situação?

4. Verifique a lista de "Jogos usados pelos conselheiros amigos". Quais os que costuma jogar periodicamente? O que pode fazer para terminar os jogos?

5. Que serviços telefônicos estão disponíveis para ajuda às pessoas em sua cidade? Faça uma lista e guarde-a para uso futuro.

6. Suponha que um conhecido telefone e, pela voz da pessoa, você pode dizer que ela está evidentemente perturbada. Todavia, a conversa permanece superficial (falando do tempo e de esportes) e quando você pergunta se há algo errado, a pessoa responde: "Oh, não é nada", seguindo-se um silêncio embaraçoso. O que você diz?

7. Dividam-se novamente em grupos. Pense um momento em alguém em sua vida que poderia tirar proveito de uma palavra de encorajamento por telefone. Faça um acordo com o seu parceiro para fazer esse telefonema nesta semana.

10. Ajuda na igreja

1. O livro de Efésios descreve como a igreja, corpo de Cristo, pode contribuir para o processo de ajuda às pessoas.

Leia Efésios 4 e faça então três listas. Primeiro, relacione as características dos ajudadores no corpo (v. 2, 3, 26, 32). A seguir, relacione as atividades dos ajudadores no corpo (leia, por exemplo, Efésios 4.12, 15, 22-26, 28-32). Relacione depois as metas dos ajudadores no corpo (v. 13, 14, 28). O que tudo isso tem a ver com suas atividades como ajudador? Tente ser específico.

2. Quais os benefícios da ajuda às pessoas no contexto da igreja local? Quais as desvantagens?

3. Discuta em grupo algumas das vantagens e desvantagens de ajudar numa situação de grupo. De que forma os grupos causaram um impacto em sua vida?

4. De que forma positiva você acha que a igreja está desempenhando sua tarefa de ser uma comunidade de ajuda e cura? Que idéias construtivas você tem para tornar a igreja um lugar que ofereça mais cuidados?

5. Dividam-se em grupos de quatro. Discutam que tipo de pessoa é realmente difícil para você amar na igreja. Como pode fazer mudanças nessa área? Lembre-se de continuar usando a técnica de ouvir ativamente e mostrar empatia quando ouve e responde aos outros membros do grupo quando eles falam.

6. Um casal da igreja que vem experimentando dificuldades financeiras acabou de ter um filho com síndrome de Down. De que forma a igreja como um todo pode dar apoio a esse casal?

7. Aceitar e amar pessoas, apesar do seu comportamento em certas ocasiões, é um alicerce da ajuda eficaz. Até que ponto você aceita pessoas apanhadas em pecado e que Satanás cegou em relação à verdade? Que mudanças pode fazer em si mesmo e em sua igreja para promover uma atitude de maior aceitação para com outros?

8. Dividam-se em grupos de quatro. Pense em alguns indivíduos necessitados que conhece. De que maneiras tangíveis você e sua igreja podem ajudar essas pessoas? Comprometa-se a agir esta semana!

11. Ajuda preventiva

1. Um meio importante de ajuda a outros é fazer o possível para impedir os problemas antes que comecem. A Bíblia tem muitos exemplos de ajuda preventiva. Discuta os princípios de prevenção encontrados nos seguintes versículos: Gênesis 2.17;

1Reis 19.1-8; Salmos 55.22; 119.9-11; Provérbios 3.5, 6; Romanos 12.1, 2; 2Timóteo 2.15; Tiago 1.19; 1João 1.9.

2. Dividam-se em pares e encenem uma sessão de ajuda preventiva. Alguns temas a considerar são: aconselhamento pré-nupcial, aconselhamento a um jovem adulto que vai para a faculdade, ou aconselhamento a uma mãe que espera seu primeiro filho.

3. Como sua igreja está envolvida na ajuda preventiva? Quais algumas sugestões de aperfeiçoamento que você pode ajudar a pôr em prática nessa área?

4. Segundo o autor, quais os ingredientes do discipulado eficaz? Há algum conhecido que você poderia ajudar dessa maneira?

5. Como o velho ditado "É melhor prevenir do que remediar" se aplica à ajuda preventiva? Que tipo de prevenção você precisa fazer em sua vida agora, que evitará grandes problemas no futuro? Se você se sente à vontade para fazê-lo, compartilhe o assunto com alguém do grupo, a quem possa prestar contas.

12. Ajuda a si mesmo

1. A Bíblia indica que as pessoas têm grande responsabilidade em enfrentar e fazer algo a respeito dos seus problemas pessoais. Efésios 5 dá algumas diretrizes para ajudar a nós mesmos e também para evitar futuros problemas. Leia Efésios 5.2-21. O que significa andar em amor (v. 2; veja também v. 25, 28), andar em pureza (v. 3-7), andar na luz (v. 8-14), andar em sabedoria (v. 15-17), e andar no Espírito (v. 18-21)? Como isso se aplica à ajuda às pessoas? Como isso se aplica à ajuda a si mesmo? Discuta isso em seu grupo.

2. A ajuda a nós mesmos começa com uma avaliação sincera de quem somos e quais as áreas em nossa vida que precisam ser aperfeiçoadas. Separe alguns momentos para refletir a respeito e escreva uma lista dos seus pontos fortes e fracos (espirituais, emocionais, intelectuais, físicos).

3. Dividam-se em grupos de quatro e compartilhem alguns dos itens em sua lista. Peça informações dos membros de outros grupos sobre o que eles consideram seus pontos positivos e negativos.

4. O autor descreve andar no Espírito como uma parte essencial da ajuda a si mesmo e do amadurecimento. Em termos práticos, o que esse andar significa na vida diária? Quais alguns dos resultados de andar no Espírito?

5. Descobrir e desenvolver seus dons espirituais é proveitoso para a pessoa e beneficia outros. Examinando as perguntas feitas pelo autor no capítulo que se refere à descoberta dos seus dons, que dons você acha que possui? Compartilhe isso com o grupo e peça que digam o que pensam.

6. O movimento de auto-ajuda tornou-se um grande negócio. Quais alguns dos benefícios e dos perigos associados a esse movimento?

7. Os ajudadores quase sempre preferem ajudar do que receber ajuda. No momento, existem áreas em sua vida nas quais você poderia ser ajudado? Comprometa-se a procurar essa ajuda ainda hoje. Lembre-se: admitir suas fraquezas é um sinal de verdadeira força (2Co 12.10).

8. De que você mais gostou neste livro e no manual de estudos? De que gostou menos? De que forma você mudou, como resultado de seus esforços para tornar-se um melhor ajudador?